ENCHANTEUR

ANDORRE

GUIDE DE VOYAGE 2024

Clare Steve

Beauté intacte et aventures palpitantes :

découvrez les trésors cachés du secret le

mieux gardé d'Europe

Table des matières

INTRODUCTION

Bienvenue dans l'enchantement qu'est l'Andorre, un joyau caché au milieu des montagnes à couper le souffle des Pyrénées. En tant que conseillère en voyages professionnelle, j'ai eu l'occasion d'explorer cet endroit captivant et de m'immerger dans ses paysages à couper le souffle, sa riche culture et ses aventures exaltantes. Rejoignez-moi pour partager les délices qui vous attendent dans cette partie extraordinaire de l'Europe en vous emmenant dans un voyage à travers mes propres expériences remarquables.

Imaginez-vous debout au sommet d'un point de vue panoramique, entouré d'une magnifique tapisserie de sommets enneigés, de vallées verdoyantes et de lacs scintillants. L'air est vif et vivifiant, transmettant l'arôme des pins et des mélodies naturelles lointaines. L'Andorre révèle son vrai caractère dans ces moments à couper le souffle - un terrain de jeu d'une beauté naturelle qui ne demande qu'à être trouvé et chéri.

Explorer les magnifiques sentiers de randonnée d'Andorre a été l'une de mes expériences les plus mémorables. J'ai ressenti un lien fort avec la nature alors que je marchais à travers des forêts luxuriantes, que je serpentais le long de ruisseaux et que je m'émerveillais devant les chutes d'eau tumultueuses. Chaque étape a révélé une nouvelle perspective, révélant des joyaux cachés tout droit sortis d'un conte de fées. Les itinéraires bien entretenus d'Andorre s'adressent aux randonneurs de tous niveaux, garantissant que chacun puisse créer ses propres moments merveilleux.

Mais l'Andorre, c'est bien plus que de beaux paysages. C'est aussi un paradis pour les amateurs de sensations fortes. Envisagez de dévaler les pentes poudreuses, en sentant le vent contre votre visage pendant que vous vous frayez un chemin dans la neige fraîche. Les stations de ski de classe mondiale de la région, avec leurs équipements de pointe et leur terrain diversifié, offrent une offre inépuisable d'activités spectaculaires. Que vous soyez un skieur chevronné ou un snowboarder débutant, l'adrénaline de glisser sur les pistes laissera une impression indélébile sur votre âme.

L'Andorre possède un riche héritage culturel qui ajoute de la profondeur et de l'attrait à vos vacances, en plus de ses caractéristiques naturelles époustouflantes. Explorez les petites ruelles de la capitale d'Andorre-la-Vieille, où les églises historiques et les merveilles architecturales cohabitent avec les nouveaux bâtiments. Entrez dans de minuscules communautés qui semblent peu perturbées par le temps, où des festivals colorés et des résidents chaleureux donnent vie aux coutumes locales. Les musées et les centres culturels d'Andorre vous invitent à vous immerger dans son histoire, en présentant l'art, l'histoire et les coutumes qui ont façonné ce coin unique du globe.

La culture gastronomique d'Andorre est une agréable surprise, combinant des éléments catalans, français et espagnols. Laissez-vous tenter par la gastronomie traditionnelle de montagne, appréciez les arômes des ingrédients locaux et portez un toast à un voyage mémorable avec un verre de vin andorran. Chaque repas est l'occasion d'exciter vos papilles et d'explorer de nouvelles spécialités gastronomiques, car les expériences culinaires y sont aussi variées que les paysages.

Rejoignez-moi pour une visite de l'Andorre, où chaque instant est une invitation à créer des souvenirs inoubliables. L'Andorre est un endroit qui promet de fasciner et de laisser une empreinte indélébile sur votre âme, que vous recherchiez la paix dans la nature, l'adrénaline sur les pistes, l'immersion culturelle ou simplement un répit des rigueurs de la vie quotidienne. Alors préparez-vous à être émerveillé par la beauté, la chaleur et l'attrait intemporel de l'Andorre. Votre incroyable voyage ne fait que commencer.

BIENVENUE EN ANDORRE

L'Andorre est une destination captivante nichée au cœur des Pyrénées qui vous invite à partir à la découverte. Cette petite principauté, entourée par l'Espagne et la France, est peut-être de taille modeste, mais elle a un impact puissant en termes de merveilles naturelles et d'héritage culturel.

La beauté naturelle de l'Andorre est à couper le souffle. Imaginez-vous debout sur le bord d'un sommet de montagne, regardant un paysage parsemé de vallées verdoyantes, de rivières sinueuses et de lacs en miroir. Les parcs naturels et les réserves vierges offrent un refuge aux animaux, avec de nombreuses chances de voir des bouquetins, des chamois et même l'ours brun des Pyrénées, peu commun. Des itinéraires de randonnée sillonnent le paysage, menant les visiteurs à des joyaux cachés comme des cascades tranquilles et des points de vue panoramiques à couper le souffle.

Les paysages variés d'Andorre se prêtent également à des sports de plein air passionnants. Les pistes enneigées se transforment en un paradis hivernal pour les skieurs et les snowboarders. La principauté dispose de stations de ski de premier ordre avec des équipements contemporains et une variété de pistes pour tous les niveaux. Les sommets enneigés se transforment en un terrain de jeu d'adrénaline et de joie, qu'il s'agisse de dévaler des sentiers fraîchement enneigés ou de profiter d'animations après-ski.

Les montagnes et les vallées d'Andorre attirent les amateurs de plein air avec d'innombrables possibilités pendant les mois les plus chauds. Enfilez vos chaussures de randonnée et partez pour une randonnée pittoresque à travers des forêts luxuriantes et des prairies alpines. Les vététistes trouveront un réseau de pistes et de descentes pleines d'adrénaline pour satisfaire leurs exigences d'aventure. Les activités de parapente et de tyrolienne offrent une vue plongeante sur les magnifiques environs en contrebas pour ceux qui recherchent une nouvelle perspective.

En explorant l'Andorre, vous découvrirez un riche héritage culturel qui donne de la profondeur et de l'attrait à la destination. L'histoire de l'Andorre est intimement liée à celle de l'Espagne et de la France voisines, ce qui donne lieu à un mélange distinct d'influences catalanes, françaises et espagnoles. D'anciennes cathédrales et des structures historiques témoignent du passé de la principauté dans la capitale, Andorre-la-Vieille, tandis que les rues animées mettent en valeur des projets modernes et un environnement cosmopolite dynamique.

L'Andorre s'anime avec des événements culturels et des festivals qui mettent en valeur ses traditions et ses coutumes tout au long de l'année. Des processions colorées, de la musique forte et des danses traditionnelles inondent les rues, permettant aux touristes de s'immerger dans la culture locale. Les musées et les centres culturels offrent un aperçu de l'art, de l'histoire et de l'artisanat d'Andorre, en mettant en valeur l'inventivité et la ténacité des habitants.

La cuisine d'Andorre est une délicieuse combinaison de saveurs, mêlant la cuisine traditionnelle de montagne aux influences des pays voisins. Des ragoûts copieux, de la charcuterie et des aliments frais provenant des vallées voisines sont au menu. Les vins andorrans des vignobles de la région se marient bien avec ces saveurs exquises, produisant un festin sensoriel.

Préparez-vous à être enchanté par la beauté naturelle de l'Andorre et fasciné par son riche héritage culturel lors de votre visite à travers le pays. Que vous soyez à la recherche d'aventure, de détente ou d'immersion culturelle, cette charmante principauté a tout pour plaire. Alors faites preuve d'émerveillement et préparez-vous à vivre une aventure mémorable dans les paysages époustouflants et la culture colorée d'Andorre.

CHAPITRE 1

COMPRENDRE LA GÉOGRAPHIE ET LE CLIMAT DE L'ANDORRE

L'Andorre est un véritable joyau enfoui dans une beauté naturelle spectaculaire en raison de son emplacement dans les Pyrénées. Cette petite principauté, nichée entre l'Espagne et la France, bénéficie d'une situation géographique unique en son genre qui ouvre la voie à une expérience de voyage inoubliable.

SITUATION DE L'ANDORRE DANS LES PYRÉNÉES

L'Andorre est située dans les Pyrénées orientales et couvre une superficie d'environ 468 kilomètres carrés (181 miles carrés). C'est l'un des plus petits pays d'Europe, ce qui en fait un excellent voyage pour tous ceux qui cherchent à voir un paysage petit mais varié. Les coordonnées géographiques de l'Andorre sont approximativement 42°30'N de latitude et 1°31'E de longitude.

L'Andorre est un pays enclavé des Pyrénées, entouré de hauts sommets, permettant aux touristes de s'immerger dans un monde de beauté naturelle. C'est un paradis pour les alpinistes, avec une altitude moyenne d'environ 1 996 mètres (6 549 pieds), offrant des vues panoramiques et de nombreuses options d'aventure.

APERÇU DES CARACTÉRISTIQUES PAYSAGÈRES ET NATURELLES

Les paysages d'Andorre se distinguent par un mélange parfait de montagnes rocheuses, de vallées verdoyantes et de plans d'eau éblouissants. La principauté est connue pour ses paysages pittoresques et ses différents écosystèmes qui témoignent de la force et de la beauté de la nature.

Avec des sommets atteignant plus de 2 900 mètres (9 500 pieds), les Pyrénées dominent le paysage andorran. Ces magnifiques sommets, recouverts de neige tout au long de l'hiver, offrent une toile de fond magnifique pour les activités de plein air tout au long de l'année. Ils attirent les skieurs, les randonneurs et les amoureux de l'environnement qui veulent explorer leurs pistes, parcourir leurs sentiers et s'émerveiller de leur beauté.

L'Andorre est parsemée de vallées tranquilles qui incitent les voyageurs à découvrir leurs secrets cachés. Au printemps et en été, les prairies luxuriantes regorgent de fleurs sauvages brillantes, offrant un répit calme de l'agitation de la vie urbaine. Les vallées d'Andorre abritent également des lacs pittoresques et des rivières sinueuses, qui contribuent à la diversité écologique du pays. Ces plans d'eau offrent non seulement de beaux reflets sur les montagnes environnantes, mais aussi des possibilités de pêche, de kayak et d'autres activités nautiques.

La beauté naturelle de l'Andorre s'étend au-delà de ses montagnes et de ses vallées. La principauté abrite une pléthore de phénomènes naturels époustouflants, notamment des cascades qui ornent le paysage de leur beauté et de leurs sons relaxants. Ces trésors cachés peuvent être localisés le long des itinéraires de randonnée et offrent aux touristes un répit rafraîchissant tout en s'émerveillant de leur majesté.

La diversité de la flore et de la faune d'Andorre ajoute à son attrait naturel. En vous promenant dans la principauté, vous rencontrerez peut-être une variété de types de plantes, telles que des fleurs sauvages parfumées, des bois à feuilles persistantes et une flore alpine tenace qui s'accroche aux pentes des montagnes. La faune est également abondante, avec des observations de bouquetins, de chamois, de marmottes et de nombreuses espèces d'oiseaux qui ajoutent à l'attrait de l'environnement naturel.

La situation géographique unique d'Andorre et ses paysages magnifiques en font une destination idéale pour les amateurs de plein air, les amoureux de la faune et ceux qui recherchent la tranquillité au milieu de paysages à couper le souffle. La splendeur géographique de l'Andorre laissera un impact inoubliable sur votre cœur et votre esprit, que vous parcouriez des sentiers de randonnée difficiles, que vous partiez à la conquête des pentes ou que vous vous immergiez simplement dans l'étreinte sereine de la nature. Préparez-vous à être fasciné par les merveilles naturelles de cette charmante principauté à chaque coin de rue au fur et à mesure que vous la traversez.

CONDITIONS MÉTÉOROLOGIQUES ET CLIMATIQUES

Le climat de l'Andorre est façonné par sa géographie accidentée, ce qui se traduit par des conditions météorologiques distinctives qui ajoutent à l'attrait de cet enchantement. Comprendre le changement de saison et les périodes idéales pour visiter, ainsi que ce à quoi s'attendre en termes de températures et de précipitations, peut vous aider à planifier votre voyage avec succès et à tirer le meilleur parti de votre expérience andorrane.

DIFFÉRENCES SAISONNIÈRES ET MEILLEURS MOMENTS POUR VISITER

L'Andorre a quatre saisons distinctes, chacune avec sa propre beauté unique et ses possibilités d'exploration. Le moment optimal pour visiter est déterminé par vos choix et les activités auxquelles vous souhaitez participer.

- Hiver (décembre à février) : Les paysages enneigés font de l'hiver en Andorre une saison idéale pour le ski, le snowboard et d'autres sports d'hiver. La saison de ski a commencé et les stations de montagne sont en pleine effervescence. Janvier et février sont souvent les mois les plus froids, avec des températures plongeant sous le point de congélation, créant un pays des merveilles hivernales pour les amateurs de plein air.

- Printemps (mars à mai) : Le printemps en Andorre se caractérise par des températures plus douces et une flore florissante. Les vallées s'animent de fleurs sauvages éclatantes, ce qui en fait un moment idéal pour le trekking et les excursions dans la nature. Malgré le fait que le temps puisse être imprévisible tout au long de cette saison, le réchauffement progressif produit un environnement merveilleux pour l'exploration en plein air.

- Été (juin à août) : Les étés d'Andorre sont magnifiques, avec des températures agréables et des journées plus longues. C'est une saison idéale pour les activités de plein air comme la randonnée, le VTT et profiter de la beauté des paysages. La température diurne typique varie de 20 °C à 25 °C (68 °F à 77 °F), ce qui la rend idéale pour les activités de plein air.

- Automne (septembre à novembre) : L'automne en Andorre est une période magnifique, avec l'arrivée de couleurs automnales vibrantes qui transforment le paysage. Les températures commencent à baisser et la foule s'éclaircit, offrant une scène paisible. L'automne est une excellente période pour faire du trekking, photographier et profiter de la splendeur naturelle de l'Andorre à un rythme plus lent.

Précipitations et températures moyennes

Les températures et les précipitations en Andorre varient selon les saisons, chacune offrant une expérience unique.

Hiver : Les températures hivernales varient de -2 °C à 6 °C (28 °F à 43 °F), avec des températures nocturnes descendant sous le point de congélation. Les chutes de neige sont fréquentes, en particulier à haute altitude.

Printemps : Les températures printanières varient de 8 °C à 15 °C (46 °F à 59 °F), avec des températures qui se refroidissent au début du printemps et augmentent au fur et à mesure que la saison se développe. Le printemps apporte des pluies douces, ce qui favorise la floraison de la végétation.

Été : Les températures estivales varient de 20 °C à 25 °C (68 °F à 77 °F), avec de belles soirées et des températures plus froides en altitude. Les précipitations estivales sont souvent faibles, ce qui permet de pratiquer de délicieuses activités de plein air.

Automne : Les températures automnales varient de 10 °C à 18 °C (50 °F à 64 °F) en moyenne, diminuant progressivement au fur et à mesure que la saison avance. L'automne offre des précipitations modestes, surtout dans les derniers mois, ce qui met en valeur les couleurs brillantes du feuillage.

Suggestions pour s'habiller et emballer en conséquence

Considérez les suggestions d'emballage suivantes pour vos vacances en Andorre afin d'assurer votre confort et votre plaisir :

Hiver : La superposition est essentielle tout au long des mois d'hiver. Des couches de base chaudes, des vêtements d'extérieur isolés, des casquettes, des gants et des bottes imperméables robustes sont tous recommandés. N'oubliez pas d'ajouter des chaussettes chaudes et d'autres articles de première nécessité par temps froid.

Printemps : Apportez une combinaison de vêtements légers et moyens, ainsi qu'une veste ou une coquille imperméable. Pour vos sorties en plein air, y compris des chaussures de marche confortables ainsi que des textiles respirants et évacuant l'humidité.

Été : Portez des vêtements légers et respirants pendant l'été. Apportez de la crème solaire, un chapeau à larges bords, des lunettes de soleil et des chaussures de marche confortables. Pour les soirées fraîches, pensez à apporter un pull ou une veste légère.

Automne : Il est recommandé d'ajouter ou de retirer facilement des couches pour faire face aux changements de température. Emportez une veste imperméable, des chaussures de marche confortables et des accessoires comme des écharpes et des chapeaux pour plus de chaleur.

Quelle que soit la saison, une paire de chaussures ou de bottes de randonnée solide est recommandée, car la topographie de l'Andorre se prête à l'aventure en plein air. Emportez un sac à dos compact pour emporter avec vous des articles essentiels comme de l'eau, des collations et des couches supplémentaires lors de vos voyages.

Connaître le climat et les conditions météorologiques de l'Andorre tout au long de l'année vous permet de planifier vos activités et de faire vos valises en conséquence, vous assurant ainsi un séjour confortable et agréable dans ce pays extraordinaire.

CHAPITRE 2

PRÉPAREZ VOTRE VOYAGE EN ANDORRE

Des vacances en Andorre sont une aventure en soi, car cette petite nation des Pyrénées offre une pléthore de possibilités d'exploration et de découverte. L'Andorre a quelque chose pour tout le monde, que vous recherchiez des expériences en plein air, une immersion culturelle ou une combinaison des deux.

Tenez compte de la durée de votre séjour, de vos intérêts et des activités auxquelles vous souhaitez participer lors de l'organisation de vos vacances. L'Andorre a quelque chose à offrir à tout le monde, des activités hivernales palpitantes sur ses célèbres pistes de ski aux randonnées paisibles à travers ses espaces naturels vierges. Les villes et villages pittoresques offrent un aperçu de la culture et des coutumes locales, avec une combinaison distincte d'influences catalanes, françaises et espagnoles.

Pour profiter au maximum de vos vacances, planifiez un itinéraire en fonction de vos goûts. L'Andorre a quelque chose à offrir à tout le monde, que vous choisissiez un rythme plus lent, que vous vous immergiez dans la beauté naturelle et la tranquillité des environs, ou que vous passiez des vacances plus aventureuses et pleines d'adrénaline.

Lorsque vous planifiez votre voyage, gardez à l'esprit les saisons et les tendances météorologiques. L'hiver offre un paradis enneigé excellent pour le ski et le snowboard, tandis que le printemps apporte des fleurs sauvages et de merveilleuses conditions de randonnée. L'été offre une température favorable pour les activités de plein air telles que le VTT et la visite d'environs pittoresques. L'automne enchante avec des teintes automnales vives et une ambiance paisible idéale pour une promenade tranquille.

Les options d'hébergement en Andorre vont des modestes refuges de montagne aux hôtels sophistiqués, il y en a donc pour tous les budgets et tous les styles. De nombreux endroits offrent un accès facile aux stations de ski, aux itinéraires de randonnée et aux sites culturels, ce qui permet de s'immerger facilement dans les délices de l'Andorre.

Tenez compte d'éléments pratiques tels que les restrictions de visa, les alternatives de transit et la conversion des devises lorsque vous planifiez vos vacances. Familiarisez-vous avec les lois d'entrée en Andorre, en vous assurant d'avoir tous les documents essentiels pour une arrivée réussie. Étudiez vos alternatives de mobilité, que ce soit par avion via les aéroports locaux ou par la route à travers les pays voisins. L'euro est la monnaie nationale d'Andorre, et les distributeurs automatiques de billets sont couramment disponibles pour un accès rapide à l'argent liquide.

Pour apprécier correctement la beauté et la culture d'Andorre, il est nécessaire de se renseigner sur les coutumes, la nourriture et les traditions locales. Apprenez quelques phrases importantes en catalan, la langue officielle, ainsi qu'en espagnol ou en français, qui sont tous couramment parlés. Plongez dans les plaisirs culinaires d'Andorre, en savourant des plats traditionnels qui mettent l'accent sur les ingrédients locaux et les traditions culinaires.

LISTE DE COLISAGE ET ÉQUIPEMENT DE VOYAGE ESSENTIEL

Préparer votre voyage en Andorre implique de bien réfléchir à ce qu'il faut emporter et de vous assurer que vous disposez de l'équipement de voyage nécessaire pour rendre votre voyage confortable et agréable. Voici un guide complet pour vous aider à préparer votre excursion en Andorre, y compris tout, des vêtements à l'équipement spécialisé :

Liste de colisage

Vêtement

- La superposition est essentielle en Andorre car les températures fluctuent tout au long de la journée.

- Emportez des couches de base légères, des couches intermédiaires isolantes et des vêtements d'extérieur imperméables.

- Apportez des pantalons de randonnée ou des pantalons confortables et robustes, ainsi que des chemises à manches longues et des t-shirts respirants.

- N'oubliez pas d'apporter un bonnet épais, des gants et une écharpe pour les temps plus frais et les altitudes plus élevées.

- Des chaussures de randonnée ou des chaussures à la fois robustes et imperméables sont nécessaires pour explorer les sentiers et les montagnes d'Andorre. Apportez un maillot de bain pour vous détendre dans les spas thermaux ou participer à des activités nautiques.

Accessoires et équipement de voyage

Chargeur portable : Gardez vos gadgets électroniques chargés lorsque vous voyagez, surtout si vous les utilisez pour la navigation ou pour prendre de belles images.

Coque de téléphone étanche : Gardez votre téléphone au sec pendant les activités de plein air et ayez l'esprit tranquille lorsque vous photographiez de grands moments près des chutes d'eau ou les jours de pluie.

Bouteille d'eau réutilisable : Restez hydraté tout en réduisant votre impact environnemental avec une bouteille d'eau réutilisable. L'environnement pur de l'Andorre offre plusieurs options pour réapprovisionner votre bouteille d'eau à partir de sources naturelles.

Jumelles : Utilisez-les pour identifier les animaux et profiter des vues spectaculaires sur la campagne environnante.

Bâtons de randonnée : Offrent stabilité et soutien lors de randonnées difficiles, en particulier sur un terrain accidenté ou des montées et descentes raides.

Emportez une trousse de premiers soins portative contenant des fournitures médicales de base telles que des bandages, des analgésiques et toutes les ordonnances nécessaires pour traiter des blessures ou des maladies mineures.

Les essentiels de l'aventure en plein air

Housse de pluie pour sac à dos : Protégez votre équipement et gardez-le prêt à l'emploi en gardant votre sac à dos et son contenu au sec pendant les averses de pluie inattendues.

Serviettes de voyage à séchage rapide : Ces serviettes sont légères et petites, ce qui les rend excellentes pour les activités de plein air. Ils sèchent rapidement, ce qui les rend pratiques pour une utilisation fréquente.

Sacs étanches résistants à l'eau : Gardez vos affaires au sec et en sécurité lorsque vous participez à des activités nautiques ou lorsque le temps est humide.

Sac de couchage léger : Un sac de couchage léger et compact est essentiel pour une bonne nuit de sommeil si vous souhaitez partir à l'aventure en randonnée ou en camping pendant plusieurs jours.

Réchaud de camping portable : Un réchaud portatif aide les amateurs de plein air à planifier des voyages de camping d'une nuit à préparer des repas et à déguster des boissons chaudes dans les bois.

Lampe frontale ou lampe de poche : Fournit un éclairage mains libres et est essentielle pour les activités de plein air, y compris l'exploration de grottes ou d'endroits faiblement éclairés.

Les sorties en plein air nécessitent des produits de voyage tels que de la crème solaire, un insectifuge et un désinfectant pour les mains.

Disposer de l'équipement et des produits nécessaires à l'emballage nécessaires pour vos activités peut améliorer votre expérience dans les différents paysages d'Andorre.

Conseils et directives de sécurité

Il est essentiel d'assurer votre sécurité tout au long de votre voyage en Andorre. Vous pouvez passer un moment en toute sécurité et sans souci en prenant des mesures de sécurité, en suivant les conseils de voyage de base et en étant informé des personnes à contacter en cas d'urgence et des services médicaux. Voici un guide complet pour assurer votre sécurité lors de votre visite dans la charmante principauté d'Andorre :

Précautions de sécurité et conseils généraux aux voyageurs

Planifiez et effectuez des recherches : Avant votre voyage, familiarisez-vous avec les traditions, les règles et les réglementations locales. Reconnaissez les dangers et les difficultés probables associés à l'activité que vous envisagez d'exercer et prenez les mesures de protection requises.

Restez informé : Tenez-vous au courant des plus récents avertissements et alertes aux voyageurs émis par votre gouvernement. Gardez un œil sur la météo dans votre région, surtout si vous prévoyez de faire des activités à l'extérieur.

Gardez vos effets personnels en sécurité : Gardez vos effets personnels, tels que les passeports, les documents de voyage et les bijoux, en sécurité en tout temps.

Lorsqu'ils sont disponibles, utilisez des coffres-forts d'hôtel ou des casiers verrouillables.

Restez vigilant : Soyez conscient de votre environnement et faites preuve de prudence dans les endroits achalandés, les sites touristiques et les transports en commun. Surveillez vos biens personnels et évitez de faire clignoter des signaux de richesse.

Respectez les lois et coutumes locales : En Andorre, respectez les coutumes, les traditions et les lois locales. Renseignez-vous sur les valeurs locales, les exigences vestimentaires et les règles spéciales en matière de photographie ou de comportement dans les lieux sacrés.

Maintenir le contact : Maintenir le contact avec les parents et les amis restés à la maison. Donnez à une personne de confiance votre itinéraire, votre hébergement et vos coordonnées.

Services médicaux et personnes à contacter en cas d'urgence

Services d'urgence : en cas d'urgence, utilisez le numéro d'urgence européen **112** pour contacter la police, les ambulanciers ou les pompiers.

Services médicaux : L'Andorre dispose d'un système de santé fiable avec des hôpitaux et des installations médicales bien équipés. Les titulaires de la carte européenne d'assurance maladie (CEAM) ont droit aux soins de santé obligatoires. Vérifiez si votre pays participe au programme CEAM et gardez la carte avec vous en tout temps.

Assurance voyage

Envisagez de souscrire une assurance voyage qui comprend une couverture complète pour les urgences médicales, les annulations de voyage et la responsabilité personnelle. Vérifiez que votre assurance couvre les activités que vous comptez pratiquer ainsi que la durée de votre séjour.

Annulation et interruption de vacances : Recherchez une couverture qui vous rembourse les frais non remboursables si vos vacances sont annulées ou interrompues en raison de situations imprévues comme la maladie, les catastrophes naturelles ou les avertissements aux voyageurs.

Responsabilité civile personnelle : Il est essentiel d'obtenir une assurance responsabilité civile personnelle en cas de dommages ou de blessures involontaires à autrui.

Activités d'aventure : Si vous souhaitez participer à des sports d'aventure tels que le ski, la planche à neige ou la randonnée, assurez-vous que votre police d'assurance couvre ces activités.

Détails du document et de la police : Ayez avec vous une copie de la documentation de votre police d'assurance, des numéros de téléphone d'urgence et des détails essentiels de la police pendant vos vacances.

CHAPITRE 3

COMMENT S'Y RENDRE

Aéroports

Pour vous rendre en Andorre, atterrissez dans l'un des aéroports internationaux voisins. Les trois principaux aéroports servant de portes d'entrée à la principauté sont les suivants :

Aéroport Barcelone-El Prat (BCN) (Espagne)

L'aéroport de Barcelone-El Prat, situé à environ 200 kilomètres d'Andorre, est l'un des principaux aéroports d'Europe avec d'excellentes liaisons internationales. Cet aéroport est largement accessible aux voyageurs du monde entier, et il propose de nombreux vols vers divers endroits à travers le monde. Voyager en véhicule ou en bus de l'aéroport à Andorre prendra environ 2,5 à 3 heures.

Aéroport de Toulouse-Blagnac (TLS) situé en France

L'aéroport de Toulouse-Blagnac, situé à environ 190 kilomètres d'Andorre, est une autre alternative potentielle pour accéder à la principauté. Il offre un itinéraire accessible aux passagers étrangers, avec des vols fréquents vers les principales villes d'Europe. Le trajet en voiture ou en bus de l'aéroport de Toulouse à l'Andorre dure environ 2,5 à 3 heures.

Aéroport Girona-Costa Brava (GRO) - Espagne

L'aéroport de Gérone-Costa Brava, situé à environ 230 kilomètres (143 miles) d'Andorre, agit comme une plaque tournante pour les transporteurs à bas prix, offrant des vols directs vers de nombreuses villes européennes. L'aéroport de Gérone-Costa Brava peut être une bonne alternative pour les voyageurs soucieux de leur budget. Le trajet vers l'Andorre en véhicule ou en bus depuis l'aéroport dure environ 3 à 3,5 heures.

OPTIONS DE TRANSPORT

Une fois que vous avez atterri dans l'un des aéroports locaux, vous avez de nombreuses alternatives pour vous rendre en Andorre :

Location de voiture : La location d'une voiture vous donne la liberté et la flexibilité d'explorer l'Andorre à votre propre rythme. Des sociétés de location de voitures sont situées dans les aéroports et vous permettront de commencer une magnifique excursion à travers les Pyrénées. La durée du trajet de chaque aéroport à Andorre varie, allant de 2,5 à 3,5 heures selon l'aéroport que vous choisissez.

Services de bus : Plusieurs compagnies de bus proposent des itinéraires fréquents entre les aéroports et l'Andorre, offrant ainsi aux passagers un choix rentable. Le trajet en bus durera entre 3 et 3,5 heures, en fonction de l'aéroport et des arrêts éventuels le long de l'itinéraire.

Transports locaux en Andorre

Une fois en Andorre, le système de transport local relie rapidement et efficacement les grandes villes, les stations de ski et les principales attractions touristiques. Les principaux moyens de transport en Andorre sont les suivants :

Services de bus : Le réseau de bus publics d'Andorre est étendu, englobant la majorité des villes et des villages. Les bus sont agréables et bien équipés, ce qui en fait un excellent choix pour se déplacer en ville.

Taxis : Les taxis sont couramment accessibles dans les principaux sites touristiques et régions métropolitaines, ce qui en fait un moyen pratique et efficace de se déplacer en Andorre, en particulier pour les courtes distances ou pour visiter des endroits isolés.

Funiculaires et tramways : l'Andorre dispose d'un certain nombre de magnifiques tramways et funiculaires qui emmènent les visiteurs vers des vues époustouflantes et des paysages de montagne, offrant une perspective unique de la splendeur naturelle de la région.

Vélo et marche : la petite taille et l'environnement attrayant de l'Andorre en font une destination idéale pour les randonneurs et les cyclistes. De nombreuses villes et villages sont adaptés aux piétons, ce qui vous permet d'explorer à votre rythme à pied ou à vélo.

EXIGENCES ET RÈGLEMENTS EN MATIÈRE DE VISA

Catégories de visas

L'Andorre fournit une variété de visas, chacun adapté à un certain objectif de voyage. Les types les plus répandus sont les suivants :

Visa touristique : Ce visa permet aux visiteurs de se rendre en Andorre pour pratiquer des activités de loisirs telles que le tourisme, la découverte de la beauté naturelle et l'immersion dans la culture locale.

Visa d'affaires : Destiné aux personnes qui visitent l'Andorre à des fins professionnelles, telles que la participation à des conférences, des réunions ou des salons professionnels.

Visa d'étudiant : Destiné aux étudiants qui suivent des cours académiques dans des institutions andorranes accréditées.

Visa de regroupement familial : Pour les membres de la famille qui souhaitent rendre visite à des proches en Andorre.

Visa de transit : Les visas de transit sont nécessaires pour les visiteurs qui traversent l'Andorre pour se rendre à une autre destination.

Les frais de visa et le processus de demande

Le coût d'un visa pour l'Andorre varie en fonction du type et de la durée du visa. Pour obtenir les informations les plus récentes sur les frais de visa, contactez l'ambassade ou le consulat andorran le plus proche.

Les étapes suivantes sont généralement impliquées dans le processus de demande :

Obtenir le formulaire de demande : Vous pouvez obtenir le formulaire de demande de visa sur le site officiel du gouvernement andorran ou auprès de l'ambassade ou du consulat le plus proche.

Remplissez le formulaire : Remplissez le formulaire de demande au complet, y compris tous les renseignements et documents essentiels.

Rassemblez les documents justificatifs : Il peut s'agir d'un passeport valide, de photos d'identité, d'un itinéraire de voyage, d'une preuve d'hébergement, de documents financiers et d'une lettre d'invitation (le cas échéant).

Envoyer la demande : Envoyez votre demande et les documents qui l'accompagnent à l'ambassade ou au consulat d'Andorre dans votre pays d'origine.

Payer les frais de visa : Vous devez payer les frais de visa requis, qui ne sont pas remboursables même si votre demande de visa est refusée.

Date d'expiration du visa

La durée d'un visa andorran varie en fonction du type de visa délivré. Les visas touristiques sont généralement délivrés pour des séjours de courte durée allant de 15 à 90 jours. En fonction de l'objectif du voyage, les visas d'affaires peuvent avoir une durée de validité plus longue. Les visas étudiants sont généralement valables pour la durée du programme universitaire, bien que les visas de regroupement familial puissent être accordés pour une durée limitée.

Pays sans visa

Les citoyens de certains pays sont exclus de l'obtention d'un visa pour de courts séjours en Andorre. Les membres de l'Union européenne (UE) et de l'espace Schengen, ainsi que de nombreux autres pays ayant conclu des accords bilatéraux avec Andorre, font partie des pays exemptés de visa. Même si un visa n'est pas nécessaire, les touristes doivent confirmer que leur passeport est valide pour la durée de leur voyage.

Extension

Les prolongations de visa sont autorisées en Andorre sous certaines conditions. Si vous souhaitez rester plus longtemps que la durée de validité initiale du visa, vous devez demander une prolongation auprès de l'Office des étrangers d'Andorre avant l'expiration de votre visa existant. Les prolongations sont accordées au cas par cas et sont soumises à l'autorisation des agents d'immigration.

CHAPITRE 4

À LA DÉCOUVERTE DES MERVEILLES NATURELLES D'ANDORRE

À la découverte des plus hauts sommets et chaînes de montagnes d'Andorre

L'Andorre, située au cœur des Pyrénées, est un paradis pour les amoureux de la montagne. Le pays abrite de nombreuses chaînes de montagnes importantes, chacune avec ses propres caractéristiques distinctes et des panoramas à couper le souffle.

La chaîne de montagnes des Pyrénées : Les Pyrénées sont la principale chaîne de montagnes de la région, qui longe la frontière de l'Andorre entre l'Espagne et la France. Ces magnifiques sommets servent de frontière naturelle et offrent une variété d'activités de plein air telles que la randonnée, l'alpinisme et le ski.

Vallée et pic du Comapedrosa : La vallée du Comapedrosa est bien connue pour sa beauté naturelle et la richesse de sa flore et de sa faune. Le pic Comapedrosa, à 2 942 mètres (9 652 pieds) au-dessus du niveau de la mer, est le plus haut sommet d'Andorre, récompensant les randonneurs avec des vues panoramiques sur les paysages environnants.

Vallée du Madriu-Perafita-Claror : Cette vallée protégée, classée au patrimoine mondial de l'UNESCO, met en valeur le patrimoine naturel d'Andorre. Promenez-vous dans cette belle vallée, bordée de collines escarpées et de lacs glaciaires.

Stations de ski de Vallnord et Grandvalira : Les chaînes de montagnes d'Andorre abritent des stations de ski de classe mondiale qui offrent des activités de sports d'hiver spectaculaires. Vallnord et Grandvalira sont deux des principaux domaines skiables des Pyrénées, attirant des skieurs et des snowboarders du monde entier.

Aventures en téléphérique et routes panoramiques
La belle splendeur de l'Andorre ne se limite pas aux sentiers de randonnée ; Le pays propose également des

routes panoramiques et des voyages en téléphérique qui mènent à des panoramas époustouflants.

Coll de la Gallina et Coll d'Ordino : Ces deux cols de montagne offrent des trajets à couper le souffle sur des routes sinueuses, des vallées verdoyantes et des vues imprenables sur les sommets environnants.

Route Ordino-Arcalís (CS-370) : Cette belle route passe par la communauté de La Cortinada et se connecte à Arcals, une station de ski bien connue. Tout au long du voyage, vous serez attiré par les vallées verdoyantes, les cascades jaillissantes et les sommets majestueux de la vallée de Valira del Nord.

Route de La Rabassa (CS-200) : Cette belle excursion vous emmène à travers le magnifique parc Naturlandia et la pittoresque vallée de Bixessarri. Le chemin mène au belvédère du Coll de la Botella, qui offre une vue panoramique sur Ordino et les montagnes environnantes.

Els Cortals d'Encamp (CS-220) : Cet itinéraire pittoresque commence à Encamp et monte jusqu'au col de la Collada de Beixals. Les vues sur la vallée d'Encamp et les collines voisines deviennent plus spectaculaires au fur et à mesure que vous montez.

Téléphérique du Funicamp d'Encamp : Vivez une aventure extraordinaire sur le plus long téléphérique des Pyrénées, qui monte d'Encamp au Parc Aventure de Solanelles. Au fur et à mesure que vous prenez de la hauteur, admirez les vues panoramiques sur les vallées et les sommets.

Téléphérique de Canillo - El Forn : Prenez ce téléphérique de Canillo à la charmante ville d'El Forn. Vous serez récompensé par des vues imprenables sur la vallée de Canillo et les forêts verdoyantes en contrebas le long de la route.

Télécabine de Soldeu - El Tarter : Faites un voyage en gondole entre les villes de Soldeu et El Tarter. L'itinéraire offre des vues panoramiques sur le domaine skiable de

Grandvalira, ce qui le rend populaire auprès des skieurs et des amoureux de la nature.

Encamp - Téléphérique du lac d'Engolasters : Depuis Encamp, prenez ce téléphérique jusqu'au magnifique lac d'Engolasters. Vous aurez une vue plongeante sur les montagnes environnantes et le lac serein en contrebas en survolant la vallée.

Téléphérique Grau Roig-Pessons : Profitez d'un trajet en téléphérique qui vous emmène de Grau Roig aux lacs de Pessons. Le voyage vous donne accès à de superbes paysages de haute montagne ainsi qu'à un vaste réseau d'itinéraires de randonnée.

Téléphérique de La Massana-Pal : Admirez le paysage en prenant le téléphérique de La Massana à la station de ski de Pal. Admirez la vue imprenable sur la vallée de La Massana et les montagnes environnantes.

Les routes pittoresques et les excursions en téléphérique d'Andorre offrent une occasion inégalée de voir les Pyrénées sous différents angles.

Points de vue et plateformes d'observation remarquables

L'Andorre possède une pléthore de belvédères et de ponts d'observation qui offrent une vue imprenable sur la campagne environnante.

Point de vue du Roc del Quer : Cette plate-forme remarquable de Canillo s'étend sur une pente abrupte, offrant une vue imprenable sur la vallée et les montagnes en contrebas.

Secteur de La Caubella (Pal-Arinsal) : Prenez le téléphérique jusqu'à La Caubella, où se trouve une plate-forme d'observation offrant une vue panoramique sur les sommets et les vallées environnantes.

Belvédère du Coll de Beixalís : Ce belvédère, accessible uniquement en voiture, offre une vue imprenable sur la vallée de Canillo et les montagnes environnantes.

Point de vue du Coll de la Botella : Ce belvédère à couper le souffle, situé dans la région d'Ordino, offre une vue imprenable sur la vallée d'Ordino et les chaînes de montagnes environnantes. La plate-forme d'observation est un endroit idéal pour la photographie et la contemplation tranquille.

Point de vue du Pic de Carroi : Une courte montée depuis le village d'El Serrat mène à ce magnifique belvédère. De là, vous pourrez admirer l'immensité de la vallée du Madriu-Perafita-Claror, classée au patrimoine mondial de l'UNESCO, et vous immerger dans la tranquillité des Pyrénées.

Mirador del Roc de la Sabina : Cette plate-forme d'observation inhabituelle, située dans la paroisse de Canillo, offre une vue plongeante sur le charmant hameau de Soldeu et les pistes de ski voisines. Sa perspective panoramique en fait un site idéal pour voir les teintes changeantes de l'environnement au lever et au crépuscule.

Plate-forme d'observation du Camí del Gall : Cette plate-forme d'observation, située le long du sentier de randonnée du Cam del Gall, offre une vue imprenable sur la vallée d'Incles. C'est un endroit tranquille pour se reconnecter avec la nature et s'émerveiller de la beauté intacte de l'Andorre.

Mirador del Pla de l'Estany : Ce belvédère, situé dans la paroisse d'Encamp, offre aux touristes une vue imprenable sur les lacs de Montmals et l'environnement vallonné pittoresque qui les entoure. La vue panoramique inspire à la fois les amoureux de la nature et les photographes.

Belvédère du Santuario de Meritxell : Ce belvédère, situé près du sanctuaire de Meritxell, le saint patron d'Andorre, offre une vue imprenable sur la vallée de Canillo et le charmant hameau de Meritxell. C'est un havre de calme et d'introspection en raison de son importance religieuse et de sa beauté naturelle.

Belvédère du Serrat de les Esposes : Ce joyau caché, accessible par une courte montée, offre une vue imprenable sur la vallée d'Incles et la région d'Encamp.

L'environnement paisible contribue à l'attrait de cette plate-forme d'observation moins connue.

VALLÉES SEREINES ET LACS TRANQUILLES

Visiter les belles vallées et les lacs pittoresques d'Andorre

L'Andorre est un trésor de paysages magnifiques et de lacs tranquilles qui tissent une tapisserie envoûtante de la splendeur de la nature.

Vallée du Madriu-Perafita-Claror : Cette vallée protégée, classée au patrimoine mondial de l'UNESCO, est un véritable hommage à la nature sauvage et préservée d'Andorre. La vallée du Madriu-Perafita-Claror, parsemée de lacs glaciaires et entourée de pics escarpés, encourage les randonneurs et les amoureux de la nature à explorer sa splendeur naturelle.

Vallée d'Incles (Val d'Incles) : Connue pour son attractivité et sa solitude, la vallée d'Incles est un paradis pour les amoureux de la nature. Promenez-vous le long des berges et admirez le magnifique feuillage et les cours d'eau cristallins.

Vallée de Sorteny : Cette vallée verdoyante abrite une flore et une faune diversifiées, ce qui en fait un rêve pour les amateurs de botanique. Explorez le parc naturel de Sorteny et laissez-vous envoûter par ses jardins floraux et ses espèces végétales variées.

Lac d'Estanyó : Niché dans la vallée d'Incles, le lac d'Estanyó est un petit mais magnifique lac qui reflète les montagnes environnantes. Son atmosphère sereine en fait un endroit parfait pour le repos et l'introspection.

Lac d'Engolasters : Ce lac de réservoir est accessible par le téléphérique du lac d'Engolasters et est bordé de beaux arbres et de falaises impressionnantes. Promenez-vous tranquillement au bord du lac et profitez de la beauté naturelle.

Lacs de Tristaina : Les lacs de Tristaina (Estanys de Tristaina) sont un magnifique trio de lacs glaciaires avec en toile de fond des collines spectaculaires. Partez en expédition de trekking pour apprécier de près leur magnificence.

SUGGESTIONS DE SENTIERS DE RANDONNÉE ET DE SENTIERS PÉDESTRES

Ruta del Ferro : Cette promenade pittoresque suit une route historique des mines de fer, donnant un aperçu du passé industriel d'Andorre. La promenade serpente à travers des paysages magnifiques et des communautés attrayantes.

GRP (Circuit Grandvalira-Encamp-Engolasters) : Ce célèbre sentier circulaire emmène les randonneurs à travers le spectaculaire paysage de haute montagne d'Andorre. À la fin de ce merveilleux cercle, vous traverserez des cols de montagne, des vallées et des lacs glaciaires.

Circuit Valle del Madriu-Perafita-Claror : Ce sentier exigeant Circuit Valle del Madriu-Perafita-Claror vous emmène à travers la vallée du Madriu-Perafita-Claror, classée au patrimoine mondial de l'UNESCO, vous

plongeant dans l'environnement préservé et l'héritage culturel d'Andorre.

POSSIBILITÉS D'OBSERVATION DE LA FAUNE ET D'OISEAUX

Parc naturel du Comapedrosa : Avec des chamois, des marmottes et des aigles royaux parmi ses habitants, le parc naturel du Comapedrosa offre de nombreuses possibilités d'observation des animaux et des oiseaux.

Parc de La Rabassa : Ce charmant parc est un paradis pour les ornithologues, où vous pourrez voir une variété d'oiseaux, y compris les célèbres vautours fauves qui volent au-dessus de vos têtes.

Vallée de Ransol : La vallée de Ransol, connue pour sa grande biodiversité, offre la possibilité d'observer des animaux discrets et diverses espèces d'oiseaux dans son feuillage luxuriant.

Observation des oiseaux à Sorteny : Le parc naturel de Sorteny est une excellente destination pour les ornithologues, avec une multitude d'espèces qui trouvent refuge dans ses différents environnements.

RIVIÈRES IMMACULÉES ET CASCADES

À la découverte des rivières et des cascades cristallines d'Andorre

Les rivières pittoresques et les cascades d'Andorre offrent une escapade rafraîchissante dans l'étreinte de la nature. Voici quelques-unes des nombreuses façons d'explorer ce pays des merveilles sous-marines :

Rivière Valira : La rivière Valira traverse l'Andorre, offrant des endroits calmes pour les promenades et les loisirs au bord de la rivière. Suivez-le à travers des villages et des vallées attrayants, offrant des panoramas époustouflants à chaque tournant.

Rivière Valira d'Orient : La rivière Valira d'Orient est un affluent de la rivière Valira qui traverse la partie orientale d'Andorre, offrant un cadre agréable pour les pique-et la contemplation.

Rivière Madriu : La rivière Madriu, qui traverse la vallée du Madriu-Perafita-Claror, classée au patrimoine mondial de l'UNESCO, est reconnue pour ses eaux magnifiques et ses paysages paisibles. Promenez-vous le long de ses rives pour voir de plus près cette merveille naturelle.

Lac et cascade de Juclar : Faites une délicieuse randonnée jusqu'au lac Juclar, où une magnifique cascade se jette dans les eaux cristallines du lac.

Expériences de canyoning, de rafting et de kayak

Canyoning : Le terrain rocheux d'Andorre est idéal pour des aventures de canyoning spectaculaires. Explorez de minuscules gorges, descendez en rappel des cascades et nagez dans des piscines naturelles sur des parcours de canyoning spectaculaires.

Rafting : Les rivières rapides d'Andorre offrent d'excellentes possibilités de rafting. Participez à une excursion palpitante en rafting sur des rapides spectaculaires avec des guides qualifiés.

Kayak : Pagayez sur les magnifiques eaux des rivières et des lacs d'Andorre, en vous immergeant dans le paysage tranquille tout en pagayant le long de tronçons paisibles.

Aires de pique-et retraites tranquilles au bord de l'eau

Lac Engolasters : Détendez-vous sur les rives du lac Engolasters, qui est bordé de belles forêts et de rochers spectaculaires. C'est un endroit idéal pour un pique-au bord du lac ou un peu de paix et de tranquillité.

Lac Juclar : Trouvez la paix et la tranquillité au bord des eaux émeraude du lac Juclar, où vous pourrez vous détendre au milieu de l'environnement montagneux à couper le souffle.

Lacs de Tristaina : Admirez la beauté fascinante des lacs de Tristaina, où vous pourrez vous reposer au bord de l'eau et apprécier la connexion harmonieuse de la nature.

Ordino-Arcals : Cet endroit magnifique offre plusieurs sites le long de ses rivières et ruisseaux pour une escapade tranquille ou un pique-au milieu de la magnificence de la nature.

La Comella : Situé près de la capitale d'Andorre-la-Vieille, le quartier de La Comella offre des aires de pique-tranquilles le long de la rivière, vous permettant de vous détendre sans quitter les commodités de la ville.

Les rivières et les cascades cristallines d'Andorre séduisent les visiteurs à la recherche d'une véritable connexion avec les aspects apaisants de la nature.

CHAPITRE 5

AVENTURE ET ACTIVITÉS DE PLEIN AIR

WINTER WONDERLAND : SKI ET SNOWBOARD

Aperçu des meilleures stations de ski d'Andorre

Bienvenue dans le paradis enneigé d'Andorre, où l'hiver transforme le terrain en un pays des merveilles hivernales de pistes blanches et d'expériences palpitantes. Les meilleures stations de ski d'Andorre, chacune offrant une expérience de classe mondiale pour les skieurs et les snowboarders.

Grandvalira : Grandvalira est l'un des plus grands domaines skiables des Pyrénées, avec 210 kilomètres (130 miles) de pistes. Grandvalira dispose d'un terrain varié idéal pour tous les niveaux de compétence, avec six secteurs répartis sur Encamp, Canillo, El Tarter, Soldeu, Grau Roig et le Pas de la Case. Cette station s'adresse aussi bien aux familles, aux novices qu'aux spécialistes chevronnés, des pistes de départ faciles aux pistes noires exigeantes. Les remontées mécaniques modernes offrent une mobilité rapide, et la culture florissante de l'après-ski de la station garantit un environnement animé après une journée sur les pistes.

Vallnord - Pal Arinsal : En combinant les pistes de ski de Pal et d'Arinsal, Vallnord offre à ses clients une expérience transparente sur 63 kilomètres (39 miles) de pistes de ski. Cette station est idéale pour les familles et les skieurs intermédiaires en raison de son environnement accueillant et de son cadre magnifique. L'école de ski de Vallnord offre un excellent enseignement pour les débutants, et l'atmosphère décontractée de la station assure des vacances d'hiver sans stress.

Vallnord - Ordino Arcalís : Situé dans la paroisse d'Ordino, Vallnord-Ordino Arcalís est un paradis pour les amateurs de hors-piste et les skieurs experts à la recherche de terrains difficiles. Cette station est connue pour sa poudreuse et ses paysages spectaculaires, avec 30 kilomètres (19 miles) de pistes de ski. Outre les pistes définies, la station possède des sections de freeride exaltantes qui attirent les skieurs et les snowboarders en quête d'aventure.

Naturlandia : Naturlandia, bien qu'il ne s'agisse pas d'une station de ski standard, offre une expérience hivernale unique aux familles et aux non-skieurs. Ce parc naturel de la région de La Rabassa propose une gamme de sports d'hiver tels que la raquette, la luge et le tubing. Le Tobotronc, l'un des plus longs toboggans alpins du monde, est un voyage passionnant à travers les bois enneigés de la station.

Arcalís : Arcalís opère indépendamment de Vallnord et est reconnu pour ses pistes difficiles et ses excellentes options de hors-piste. Arcalís est un joyau caché pour les skieurs et snowboarders experts à la recherche d'un terrain vierge et de conditions de neige exceptionnelles. Il est situé dans une vallée isolée.

L'Andorre offre aux amateurs d'hiver la possibilité de profiter du charme de la saison enneigée dans ses magnifiques stations de ski.

DES SENSATIONS FORTES EN TOUTE SAISON : RANDONNÉES PÉDESTRES ET VTT

Préparez-vous à être immergé dans la splendeur des différents paysages d'Andorre en explorant les sentiers de randonnée et les itinéraires de VTT incontournables, ainsi qu'en vous fournissant des informations cruciales sur la sécurité et la location d'équipements pour une aventure sans faille et merveilleuse.

Sentiers de randonnée et itinéraires de VTT incontournables

La Route du Fer (Ruta del Ferro) : Cette magnifique route vous emmène à travers la riche histoire industrielle d'Andorre, en passant par de beaux villages et des vallées verdoyantes. La Route du Fer, qui convient aussi bien à la randonnée qu'au VTT, offre un point de vue unique sur l'histoire et la beauté naturelle du pays.

GRP (Grandvalira-Encamp-Engolasters Round Route) :
Le GRP est un sentier circulaire passionnant qui parcourt
les immenses paysages de Grandvalira, Encamp et
Engolasters. Cette charmante excursion vous emmène
au-dessus des chaînes de montagnes, des vallées et des
lacs glaciaires.

Vallée de Sorteny : Les amoureux de la nature
apprécieront les randonnées dans le parc naturel de
Sorteny, qui propose de nombreux sentiers pour tous les
niveaux de forme physique. La flore et la faune variées
du parc constituent une magnifique toile de fond pour
l'exploration.

Cam de les Pardines : Cet itinéraire mène à la charmante
ville de Les Pardines et est idéal pour la randonnée et le
VTT. Vous serez récompensé par une vue magnifique sur
la belle vallée de La Massana pendant que vous marchez
ce trek.

Conseils de sécurité et location d'équipement

Sensibilisation à la météo : Avant de commencer une randonnée à pied ou à vélo, soyez attentif aux conditions météorologiques. Les conditions en montagne peuvent changer rapidement, il est donc essentiel de se préparer à des changements météorologiques imprévus.

Équipement approprié : Portez un équipement de randonnée ou de vélo approprié, comme des bottes solides, des vêtements respirants et un sac à dos confortable. N'oubliez pas d'inclure des éléments de base tels que de l'eau, de la nourriture, une carte et une trousse de premiers soins.

Restez sur les sentiers balisés : Restez sur des itinéraires de randonnée définis : pour éviter de vous perdre et pour protéger les écosystèmes sensibles des parcs naturels et des réserves d'Andorre, restez sur des itinéraires de randonnée et de cyclisme définis.

Location d'équipement : Si vous n'avez pas votre propre équipement, il existe différents magasins de location dans les stations d'Andorre qui proposent des équipements de randonnée et de VTT de haute qualité.

AVENTURES DE HAUT VOL : PARAPENTE ET TYROLIENNE

Expériences de parapente au-dessus de l'Andorre

L'Andorre offre une occasion unique aux amateurs de sensations fortes et aux accros à l'adrénaline de prendre leur envol et de profiter de la liberté du parapente. Imaginez-vous voler loin au-dessus des beaux paysages, sentir le vent sur votre visage et profiter de la vue imprenable sur les Pyrénées.

Le parapente est un sport d'aventure populaire dans lequel vous planez dans les airs tout en étant soutenu par une voile légère et en vol libre. Les sommets escarpés, les immenses vallées et les panoramas d'Andorre en font un endroit idéal pour les parapentistes chevronnés et débutants. Des instructeurs de parapente certifiés assurent votre sécurité et une direction compétente pendant le vol, vous permettant de vous détendre et de vous immerger complètement dans la belle expérience.

Parcours aériens et aventures en tyrolienne

L'Andorre propose des excursions exaltantes en tyrolienne et des parcours aériens qui promettent un voyage étonnant à la cime des arbres pour ceux qui recherchent une rencontre pleine d'adrénaline au plus près du sol. Attachez-vous à un harnais et laissez la gravité vous pousser sur des tyroliennes à grande vitesse suspendues au-dessus de magnifiques bois et vallées.

Les activités de tyrolienne en Andorre s'adressent à une variété de groupes d'âge et de niveaux d'aptitude, ce qui en fait une activité parfaite pour les familles, les amis et les voyageurs solitaires. Naviguez à travers des parcours aériens avec des ponts suspendus, des filets de chargement et de nombreux obstacles qui mettront votre agilité et votre équilibre à l'épreuve. Des guides professionnels garantissent que vous êtes solidement attaché et qu'ils vous enseignent les pratiques appropriées.

Activités d'aventure qui font monter l'adrénaline

Outre le parapente et la tyrolienne, l'Andorre offre une multitude de sports qui font monter l'adrénaline pour les amateurs de sensations fortes à la recherche d'émotions et de défis. Les possibilités d'aventure vont du canyoning dans les rivières déchaînées à l'escalade sur des falaises abruptes.

Canyoning : Au cours d'aventures de canyoning exaltantes, naviguez dans de minuscules gorges, descendez en rappel des cascades et plongez dans des piscines naturelles. Des guides certifiés vous accompagnent à travers les ravins et vous donnent tout l'équipement dont vous avez besoin pour une aventure sûre et palpitante.

Via Ferrata : L'excitation de l'ascension des flancs rocheux à l'aide d'échelons en fer, de ponts et de cordes est connue sous le nom de via ferrata. Les chemins de via ferrata varient en complexité, permettant aux grimpeurs novices et expérimentés de profiter de l'environnement spectaculaire tout en faisant monter l'adrénaline.

Saut à l'élastique : Vivez l'expérience époustouflante de la chute libre avant de rebondir lorsque vous sautez à l'élastique depuis des ponts ou de hautes plates-formes.

Randonnée en montagne : L'équitation en montagne à travers l'énorme réseau de sentiers d'Andorre satisfera votre besoin de vitesse et d'aventure. Le terrain varié accueille les cyclistes de tous niveaux, des descentes aux expéditions de cross-country.

Les activités d'Andorre offrent une sélection variée d'expériences, garantissant la satisfaction de tous les aventuriers. L'Andorre est un terrain de jeu pour des moments incroyables et des excursions aventureuses, avec des guides qualifiés, des procédures de sécurité de premier ordre et la magnifique toile de fond des Pyrénées.

CHAPITRE 6

MONNAIE, ARGENT ET BUDGÉTISATION

MONNAIE EN ANDORRE

Le livre donne des informations complètes et nécessaires sur la monnaie d'Andorre, garantissant un séjour fluide et confortable. Il couvre une grande variété de questions, allant d'un examen de la monnaie et des taux de change d'Andorre à une exploration des méthodes de paiement approuvées, permettant aux touristes de gérer confortablement leurs finances dans ce beau pays.

Aperçu des devises et des taux de change d'Andorre

La monnaie nationale d'Andorre est l'euro (EUR), ce qui facilite les transactions pour les visiteurs des autres pays de la zone euro. L'euro est représenté par le symbole « € » et est composé de 100 centimes. Le taux de conversion change et peut changer considérablement à partir de la dernière mise à jour, mais il reste compétitif pour les voyageurs qui convertissent leurs devises.

En Andorre, les services de change sont largement disponibles, notamment dans les grandes villes et les destinations touristiques. Ces services sont fournis par les banques, les bureaux de change et certains hôtels, ce qui vous permet d'avoir accès à la monnaie locale pour vos transactions. Pour obtenir le meilleur rapport qualité-prix, comparez les taux de change et les frais.

Les distributeurs automatiques de billets sont largement disponibles dans tout le pays, ce qui facilite le retrait d'euros avec votre carte de débit ou de crédit. La plupart des établissements, y compris les hôtels, les restaurants et les magasins, acceptent les cartes internationales des principaux émetteurs tels que Visa, MasterCard et American Express. Cependant, vous devez informer votre banque de vos intentions de vacances afin d'éviter tout problème potentiel d'utilisation de la carte à l'étranger.

MODES DE PAIEMENT ACCEPTÉS

Bien que les cartes de crédit et de débit soient couramment acceptées, c'est toujours une bonne idée de garder de l'argent liquide à portée de main pour les achats mineurs et les transactions dans des endroits plus petits ou sur les marchés locaux.

Cartes de crédit et de débit : Comme indiqué précédemment, les principales cartes de crédit et de débit sont généralement acceptées dans toute l'Andorre. Ils offrent commodité et sécurité, en particulier pour les achats plus importants et les réservations d'hôtel.

Paiements sans contact : De nombreux établissements andorrans acceptent les paiements sans contact, ce qui vous permet de présenter simplement votre carte pour des achats rapides et faciles.

Chèques de voyage : Bien qu'ils soient moins fréquents de nos jours, certaines banques et agences de change en Andorre les acceptent encore. Préparez-vous, cependant, à des coûts potentiels et à une acceptation restreinte.

Applications de paiement mobile : Certains grands établissements et restaurants modernes peuvent accepter les applications de paiement mobile, ce qui vous permet d'effectuer des transactions à l'aide de votre smartphone.

Cashback dans les magasins : Lors d'un achat, certains magasins peuvent fournir des services de cashback, vous permettant de retirer immédiatement de l'argent de votre carte au moment de la vente.

Comprendre la devise et les options de paiement de l'Andorre vous permettra de naviguer facilement dans vos transactions financières tout au long de votre visite.

L'ARGENT, C'EST IMPORTANT ET L'ÉTABLISSEMENT D'UN BUDGET

L'exploration des dépenses quotidiennes moyennes et la découverte d'offres astucieuses et de méthodes frugales garantissent que chaque euro dépensé donne lieu à des expériences remarquables. Que vous soyez un explorateur soucieux de votre budget à la recherche de joyaux cachés ou un touriste de luxe s'adonnant à des délices haut de gamme, ce guide vous aidera à tirer le meilleur parti de votre argent sans sacrifier l'âme de votre voyage. Explorez l'art de la budgétisation pour découvrir l'enchantement de l'Andorre tout en optimisant la valeur de vos vacances.

Exemples de budgets et de dépenses quotidiennes moyennes

Nichée dans les Pyrénées, l'Andorre offre un large éventail d'activités pour les visiteurs de tous budgets. Il est essentiel de planifier à l'avance pour assurer un voyage épanouissant. Cette section explorera les dépenses quotidiennes moyennes et fournira des exemples de budgets pour différents types de touristes, vous aidant à planifier un voyage enrichissant et rentable dans ce merveilleux pays.

Frais d'hébergement

Voyageur à petit budget : Les auberges de jeunesse et les maisons d'hôtes sont de bons choix pour les voyageurs au budget serré. Les prix varient de 20 à 40 euros par nuit, ce qui vous permet de dépenser plus d'argent pour des expériences et des activités.

Voyageur de milieu de gamme : Ceux qui recherchent un bon mélange de confort et de coût peuvent choisir des hôtels ou des locations d'appartements de milieu de gamme. Les prix pour un séjour agréable et agréable varient normalement de 60 à 120 euros par nuit.

Voyageur de luxe : Pour ceux qui recherchent une expérience haut de gamme, les hôtels de luxe et les centres de villégiature offrent des installations de premier ordre. Les hébergements de luxe peuvent coûter jusqu'à 150 euros par nuit ou plus, ce qui garantit un séjour incroyable.

Dépenses pour les repas et les repas

Voyageur à petit budget : Manger dans les restaurants, les cafés et les boulangeries locaux permet aux voyageurs à petit budget de profiter de délicieux repas sans se ruiner. Un budget de 10 à 20 euros par dîner est généralement suffisant.

Voyageur de milieu de gamme : Les visiteurs de milieu de gamme peuvent vivre une expérience gastronomique diversifiée en dînant dans des restaurants locaux et en expérimentant des recettes traditionnelles. Prévoir 20 à 40 euros pour chaque repas permet une plus grande diversité et des plaisirs gourmands.

Luxury Traveler : Les établissements gastronomiques d'Andorre proposent de superbes menus pour les personnes à la recherche de la perfection gastronomique. Un budget de 50 à 100 euros par dîner permet de vivre une expérience culinaire haut de gamme.

Frais de transport

Transports en commun : Le système de transport public d'Andorre est efficace et à un prix raisonnable. Les bus relient les principales villes et attractions et coûtent entre 1 et 5 euros par trajet.

Location de voiture : La location d'une voiture vous permet d'explorer l'Andorre à votre guise. Les frais de location de voiture varient de 40 à 100 euros par jour, selon le type de voiture et la période de location.

Activités et frais de représentation

Visites et attractions culturelles : De nombreuses attractions culturelles et pittoresques en Andorre sont gratuites ou à faible coût. Avec un budget de 5 à 15 euros par site, vous pourrez découvrir le riche passé du pays.

Activités de plein air : La beauté naturelle de l'Andorre incite les visiteurs à participer à une variété d'activités de plein air telles que la randonnée, le vélo et le ski. Les sports de plein air ont des coûts variables, certains sentiers de randonnée étant gratuits et les permis de ski allant de 30 à 60 euros par jour.

Exemples de budgets

Voyageur à petit budget (par jour) :

Hébergement : 30 Euros

Repas : 30 Euros

Transport : 5 Euros

Activités : 15 Euros

Total : 80 Euros

Voyageur de milieu de gamme (par jour) :

Hébergement : 80 Euros

Repas : 40 Euros

Transport : 10 euros

Activités : 30 Euros

Total : 160 euros

Voyageur de luxe (par jour) :

Hébergement : 200 Euros

Repas : 100 Euros

Transport : 30 Euros

Activités : 50 Euros

Total : 380 euros

CONSEILS POUR GÉRER LES DÉPENSES ET TROUVER DES OFFRES

La gestion de vos dépenses et la recherche d'offres peuvent améliorer considérablement votre expérience de voyage en Andorre, vous permettant de maximiser votre budget sans sacrifier la qualité de vos vacances. Ce guide de voyage vous donnera des idées et des méthodes utiles pour vous aider à établir un budget raisonnable et à trouver de merveilleuses réductions qui amélioreront votre voyage dans ce beau pays.

Offres et alternatives d'hébergement

Réservez à l'avance : Planifier à l'avance vous permet de profiter des réductions pour réservation anticipée et des promotions spéciales offertes par les hôtels et les motels.

Envisagez de louer un appartement. La location d'appartements peut être une option rentable, en particulier pour les familles ou les grands groupes, car ils disposent souvent d'installations de cuisine, ce qui vous permet de préparer vos repas et d'économiser de l'argent sur les repas au restaurant.

Pensez aux maisons d'hôtes et aux auberges de jeunesse : Les maisons d'hôtes et les auberges de jeunesse offrent des solutions économiques avec des équipements partagés ainsi qu'une atmosphère sociale et la possibilité de rencontrer d'autres visiteurs.

Cuisine locale et spécialités du restaurant

Menus du jour : À l'heure du déjeuner, de nombreux restaurants d'Andorre proposent des « menus du jour » (menu del dia), qui proposent un repas de trois plats à un prix fixe, offrant un rapport qualité-prix exceptionnel.

Explorez les marchés locaux : Rendez-vous sur les marchés locaux pour acheter des légumes frais, des collations et des spécialités régionales. Il s'agit peut-être d'une méthode peu coûteuse pour savourer les spécialités traditionnelles andorranes.

Happy Hours et spéciaux : Recherchez des restaurants qui proposent des happy hours et des plats du jour sur la nourriture et les boissons, car ils peuvent être d'excellentes occasions de dîner à moindre coût.

Abonnements et transports en commun

Utilisez les bus : Parce que le système de transport public d'Andorre est efficace et peu coûteux, les bus sont un choix pratique et rentable pour les déplacements interurbains.

Cartes de voyage de plusieurs jours : Si vous utilisez souvent les transports en commun, envisagez de vous procurer des cartes de voyage de plusieurs jours pour économiser de l'argent sur les frais.

Activités gratuites et à faible coût

Randonnée et promenades dans la nature : L'Andorre est un paradis pour les amateurs de plein air, avec une pléthore d'itinéraires de randonnée gratuits et de promenades dans la nature à explorer. Profitez gratuitement de la splendeur naturelle à couper le souffle du pays.

Attractions culturelles : Certains jours de la semaine ou à des heures précises, plusieurs musées et attractions culturelles d'Andorre offrent une entrée gratuite ou subventionnée.

Laissez-passer touristiques et cartes de réduction

Carte d'Andorre : Pensez à vous procurer la carte d'Andorre, qui offre des réductions et des offres spéciales dans de nombreux restaurants, magasins et activités à travers le pays.

Laissez-passer touristiques : Recherchez des laissez-passer touristiques qui incluent de nombreuses attractions ou activités à un prix réduit, ce qui vous permet d'économiser de l'argent sur les entrées individuelles.

Voyages saisonniers et saisons intermédiaires

Voyages en dehors des heures de pointe : Voyager pendant les saisons intermédiaires (printemps et automne) entraîne souvent une réduction des coûts d'hôtel et une diminution du nombre de personnes dans les principales destinations touristiques.

Forfaits d'hiver : Si vous voyagez pendant la saison hivernale pour faire du ski ou de la planche à neige, pensez à réserver des forfaits qui comprennent l'hébergement, les forfaits de ski et la location d'équipement à un tarif réduit.

Vous pouvez maximiser votre budget voyage et vivre de merveilleuses expériences en Andorre en suivant ces directives pour contrôler les dépenses et rechercher des offres.

CHAPITRE 7

JOYAUX CULTURELS ET CHARME HISTORIQUE

MERVEILLES ARCHITECTURALES ET SITES HISTORIQUES

D'anciennes fortifications qui ont résisté à l'épreuve du temps, ainsi que des cathédrales exquises embellies d'une magnificence esthétique, témoignent de la persévérance et de l'inventivité des civilisations révolues. Explorez des merveilles architecturales qui racontent des histoires de conquêtes, de victoires et de talents artistiques. Alors que les touristes explorent des lieux porteurs de mystères datant de millénaires, l'examen de ces sites antiques est un monument à l'esprit éternel de la créativité humaine. Préparez-vous à être immergé dans la beauté intemporelle et la signification profonde de l'histoire architecturale et historique d'Andorre, qui vous laissera des souvenirs impérissables et une compréhension renouvelée de l'héritage éternel de l'esprit humain.

À la découverte du patrimoine architectural d'Andorre-la-Vieille

Andorre-la-Vieille, la capitale pittoresque du pays, possède un riche patrimoine architectural qui représente son histoire et sa valeur culturelle. Nous rencontrons une combinaison fascinante de beauté d'antan et de modernisme lorsque nous nous promenons dans les rues du centre-ville. Le bâtiment ici transmet des histoires du passé, capturant l'esprit du progrès de l'Andorre au fil du temps.

Monuments religieux et églises anciennes

Bienvenue dans un voyage spirituel à travers les églises historiques et les lieux saints d'Andorre. En tant que guide touristique professionnel, je suis ravi de vous emmener dans un voyage de découverte, où l'architecture séculaire et les lieux sacrés racontent des histoires de dévouement, de génie architectural et de pertinence culturelle

L'église de Sant Esteve : un joyau roman

La célèbre église de Sant Esteve, un magnifique trésor roman qui constitue l'un des monuments religieux les plus importants d'Andorre, est notre première destination. Ce joyau architectural, qui remonte au 11ème siècle, possède un clocher imposant et de belles sculptures en pierre. À l'intérieur, laissez-vous séduire par son spectaculaire retable et ses fresques bien conservées, qui offrent un aperçu de la spiritualité et de l'histoire créative du passé.

L'église de Santa Coloma : un voyage au 9ème siècle

Préparez-vous à être captivé par l'église Santa Coloma, un étonnant joyau caché du 9ème siècle. Ce monument historique est l'une des plus anciennes églises des Pyrénées et présente une architecture romane étonnante. Son intérieur présente de superbes peintures et un retable baroque fascinant, offrant un aperçu de l'histoire religieuse et culturelle d'Andorre.

Església de la Mare de Déu de Meritxell : Patronne d'Andorre

Explorez l'Església de la Mare de Déu de Meritxell, un chef-d'œuvre architectural contemporain dédié à la patronne d'Andorre. Ce sanctuaire, qui a été créé après que l'ancienne église ait été détruite par un incendie, combine un style moderne avec une connotation spirituelle. Elle conserve une place particulière dans le cœur des Andorrans en tant que destination de pèlerinage et de dévotion.

La chapelle historique d'Encamp : une retraite paisible

Nous quittons la ville et tombons sur l'église médiévale d'Encamp, un refuge paisible caché dans une vallée magnifique. L'église de Sant Romà a un beau style roman avec des poutres en bois exquises. Il est entouré d'une nature riche et d'un cadre calme, idéal pour les périodes d'introspection et de paix.

Le sanctuaire de Meritxell : un chef-d'œuvre architectural

Notre voyage nous emmène au sanctuaire de Meritxell, une magnifique merveille architecturale située au milieu d'une vue imprenable sur les montagnes. Ce sanctuaire moderne, dédié à Notre-Dame de Meritxell, allie joliment style contemporain et respect spirituel. Explorez ses magnifiques intérieurs et découvrez l'histoire extraordinaire qui en a fait un lieu de culte bien-aimé.

Sant Miquel d'Engolasters : un trésor caché

Montez au sommet de la colline pour voir Sant Miquel d'Engolasters, une belle église médiévale avec une vue panoramique sur les environs. Sa façade en pierre et sa beauté élégante incarnent des siècles de perfection architecturale. Laissez-vous envoûter par son ambiance tranquille et son sentiment d'intemporalité.

Visiter les villes et villages historiques d'Andorre

Bienvenue dans les villes et villages médiévaux d'Andorre, où le temps semble s'être arrêté et où l'âme du passé s'accroche à chaque rue pavée et à l'architecture traditionnelle. En tant que guide touristique professionnel, je suis heureux de vous accompagner dans ce voyage immersif, où nous découvrirons l'attrait rustique et la richesse culturelle de ces charmantes villes. Préparez-vous à être transporté dans le temps en explorant le caractère distinct et la splendeur architecturale de chaque ancienne ville et village.

Encamp : une belle retraite dans la vallée

Notre voyage commence à Encamp, une belle vallée entourée de paysages magnifiques. Ce village médiéval respire la tranquillité et le charme rustique. Découvrez des demeures historiques bien préservées dans ses petites ruelles, où l'esprit du passé est évident. Imprégnez-vous de l'ambiance calme de ce joyau à flanc de colline en admirant la modeste chapelle romane de Sant Romà.

Canillo : un aperçu de la beauté médiévale

Notre prochaine visite est à Canillo, un village de style médiéval qui nous transporte dans le temps. Promenez-vous dans ses rues pavées, qui sont parsemées de structures en pierre vieilles de plusieurs siècles. L'attraction principale de Canillo est la belle église romane de Sant Joan de Caselles, qui présente des éléments architecturaux délicats et un riche passé historique.

Ordino : élégance et patrimoine à travers le temps

Poursuivez notre aventure jusqu'à Ordino, une ville débordante d'élégance intemporelle et d'héritage culturel. Promenez-vous dans ses rues pittoresques, où les visiteurs sont captivés par le mélange de bâtiments médiévaux et rustiques. Explorez la Casa Plandolit, un musée de la maison bien conservé qui donne un aperçu de la vie quotidienne d'autrefois. Prenez le temps de profiter du calme et de la tranquillité de cette charmante ville.

Pal : un village de contes de fées

Pal, une ville de conte de fées entourée de montagnes à couper le souffle, est située au cœur de l'Andorre. Ses charmantes ruelles et ses vieux chalets en pierre offrent un environnement merveilleux. Visitez l'exquise église romane de Sant Climent de Pal, un trésor historique qui rappelle la tradition spirituelle du village.

La Cortinada : un joyau caché

Notre aventure nous emmène à La Cortinada, un joyau secret enfoui dans un paysage luxuriant. Explorez ses ruelles pittoresques et l'église romane de Sant Mart de la Cortinada, avec un clocher cylindrique distinctif. En remontant le temps, profitez de la tranquillité de cette communauté isolée.

Les Bons : histoire et ruines antiques

Notre dernier arrêt est Les Bons, qui est riche en histoire et en ruines anciennes. Explorez les vestiges d'un château médiéval situé au sommet d'une montagne avec une vue imprenable sur la vallée en contrebas. Explorez la riche histoire de cette communauté, où les anciens monuments font revivre le passé.

MUSÉES ET CENTRES CULTURELS

Ces institutions actives disposent d'un trésor de trésors, d'œuvres d'art et d'expositions immersives qui offrent un regard unique sur la riche histoire d'Andorre. Chaque musée et centre montre le cœur de l'identité et de l'énergie créatrice de la nation, des artefacts historiques aux manifestations actuelles. Que vous soyez un amateur d'art, un passionné d'histoire ou simplement un voyageur curieux, notre excursion promet d'être un voyage de découverte passionnant. Alors, explorons le monde des musées et des centres culturels d'Andorre, où l'information et l'inspiration se combinent pour produire une expérience mémorable et éclairante pour toutes les âmes intéressées.

LES MEILLEURS MUSÉES D'ART, D'HISTOIRE ET DE CULTURE

Ces institutions culturelles capturent le cœur du passé du pays, son excellence artistique et ses coutumes distinctes.

Rejoignez-moi pour un voyage à travers le temps et la créativité en visitant les musées incontournables d'Andorre.

Museu Nacional d'Art d'Andorra (MNAA)

Une galerie de trésors artistiques

Entrez dans le musée national d'art d'Andorre, le MNAA, et laissez-vous séduire par son énorme collection de peintures, de sculptures et d'art moderne. Cette galerie propose un parcours large et intrigant à travers le monde de l'art, allant des trésors religieux médiévaux aux œuvres abstraites actuelles. Apprenez-en plus sur les artistes locaux et leurs expressions créatives, ainsi que sur les inspirations des mouvements artistiques étrangers.

Museu Carmen Thyssen Andorre

Un monde de paysages et de portraits

Au Museu Carmen Thyssen Andorra, vous pourrez vous immerger dans le monde des paysages et du portrait. Ce refuge culturel abrite une étonnante collection de peintures d'artistes renommés tels que Monet, Renoir et Van Gogh. Admirez la beauté naturelle capturée dans les paysages et les émotions véhiculées par des photographies intrigantes.

Museu de la Moto

Un hommage au patrimoine automobile

Tous les passionnés de moto sont invités ! Explorez une magnifique collection de motos historiques au Museu de la Moto. Découvrez l'histoire et l'importance culturelle de ces automobiles légendaires. Ce musée rend hommage à l'histoire et à l'innovation de l'industrie de la moto.

Casa de la Vall

Préserver l'histoire politique d'Andorre

Découvrez l'histoire politique d'Andorre à la Casa de la Vall, un manoir historique qui abritait à l'origine le parlement du pays. Admirez son architecture

Renaissance et baroque distinctive tout en découvrant les pratiques gouvernementales et juridiques historiques.

Centre d'Interpretació del Comú d'Andorra la Vella

À la découverte des traditions locales

Au Centre d'Interpretació del Com, vous pourrez découvrir l'héritage culturel et les traditions locales d'Andorre-la-Vieille. Des expositions et des expositions interactives mettent en lumière la croissance de la ville et sa vie communautaire florissante.

Museu del Tabac

Un voyage à travers l'histoire du tabac

Le Museu del Tabac vous emmène dans un voyage fascinant à travers l'histoire du tabac. Apprenez-en plus sur le processus de production, consultez des articles historiques liés au tabac et apprenez-en davantage sur le commerce du tabac dans le pays.

Centre del Romànic

Revivre la spiritualité médiévale

Au Centre del Romànic, un centre dédié à la préservation de l'héritage roman d'Andorre, vous pourrez vous immerger dans la mystique médiévale. Profitez de la splendeur des vieilles cathédrales, des sculptures et des reliques qui représentent la dévotion religieuse précédente.

Museu Postal

Un voyage postal fascinant

Au Museu Postal, vous pouvez en apprendre davantage sur les services postaux et la communication. Avec des expositions de timbres anciens, de cartes postales et de technologies de communication, ce musée emmène les visiteurs dans un merveilleux voyage à travers l'histoire du service postal.

Visitez les plus grands musées d'Andorre pour en savoir plus sur le patrimoine culturel, les richesses artistiques et l'histoire intéressante du pays.

EXPOSITIONS ET ÉVÉNEMENTS CULTURELS

L'Andorre offre une variété de plaisirs culturels qui vous captiveront, des expositions d'art qui mettent en valeur le génie créatif aux festivals colorés qui commémorent des coutumes séculaires.

Expositions d'art

La scène artistique andorrale est florissante, avec un large éventail d'expositions offrant un point de vue distinct sur l'expression créative. Explorez des expositions fascinantes de peintures, de sculptures et d'art moderne d'artistes locaux et internationaux au Museu Nacional d'Art d'Andorra (MNAA). Le musée propose fréquemment des expositions temporaires qui mettent en lumière divers courants artistiques, vous permettant de vous immerger dans le domaine de la création moderne.

Festivals de musique

La musique est fortement ancrée dans le tissu culturel d'Andorre, et le pays est fier d'organiser un certain nombre d'événements musicaux répondant à un large éventail de préférences. L'Andorra Sax Fest met à l'honneur les sons émouvants des saxophones, attirant des artistes et des mélomanes du monde entier. Le Festival international de musique d'Andorre est un régal pour les amateurs d'airs classiques, avec des concerts d'orchestre et des chanteurs de renom dans un cadre magnifique.

Danse et arts de la scène

Préparez-vous à être captivé par la beauté rythmique de la danse et des arts de la scène d'Andorre. Le Festival international de jazz d'Andorre crée une atmosphère propice à des performances exceptionnelles en réunissant des piliers du jazz et des étoiles montantes pour surprendre le public avec des chansons émouvantes et des gestes engageants. Les concerts et les spectacles en plein air occupent le devant de la scène dans des endroits magnifiques pendant l'été, créant une merveilleuse combinaison d'art et de nature.

Célébrations traditionnelles

L'Andorre attache de l'importance à ses traditions ancestrales et le pays est animé par des célébrations animées tout au long de l'année. Avec des processions, de la musique et des danses, le festival de Meritxell commémore la sainte patronne d'Andorre, Notre-Dame de Meritxell. Participez aux célébrations du carnaval, lorsque les résidents se déguisent avec des costumes et des masques spectaculaires pour une procession de rue animée pleine de rires et de plaisir. En hiver, délectez-vous de l'ambiance agréable créée par les lumières éblouissantes, les chants de Noël et les plats délicieux des marchés de Noël.

Patrimoine et Histoire

Immergez-vous dans les musées vivants d'Andorre alors que des événements culturels et des expositions mettent en valeur le riche héritage du pays. Le Festival des Géants et des Grosses Têtes, reconnu par l'UNESCO, fait revivre les vieilles traditions avec d'énormes marionnettes défilant dans les rues. La Feria d'Andorre-la-Vieille est une foire colorée qui promeut les traditions locales à travers des produits artisanaux, de la musique et de la nourriture.

Célébrations contemporaines

Avec un caractère cosmopolite, l'Andorre accueille la modernité et les festivals contemporains reflètent les vastes intérêts du pays. L'Andorra Shopping Festival mêle mode, design et divertissement, vous invitant à vous adonner à la thérapie du shopping dans un cadre festif. Les festivals d'été émergent à mesure que les montagnes enneigées fondent, avec des événements dédiés aux activités de plein air, aux sports d'aventure et à un mode de vie durable.

Que vous soyez un amateur d'art, un fan de musique ou simplement curieux de connaître le pouls culturel du pays, les événements dynamiques de l'Andorre vous feront vivre des expériences uniques et vous permettront de mieux apprécier son riche héritage culturel.

ARTISANAT TRADITIONNEL ET ATELIERS ARTISANAUX

Découvrez l'histoire de l'artisanat ancien transmis de génération en génération et observez le charme des artisans experts à l'œuvre. Assistez au dévouement d'artistes experts qui donnent vie à l'artisanat classique et laissez-vous impressionner par la créativité qui caractérise l'essence de ce pays passionnant.

L'héritage de l'artisanat andorran

Explorez l'artisanat traditionnel pour aller au cœur du patrimoine culturel d'Andorre. Ces coutumes ancestrales ont joué un rôle important dans l'établissement du caractère de la nation et représentent le lien étroit que ses habitants entretiennent avec leur environnement. Chaque métier, de la menuiserie à la ferronnerie en passant par le tissage textile et la poterie, a une histoire à raconter qui démontre l'inventivité et la débrouillardise des artistes andorrans.

Ateliers artisanaux

Entrez dans le monde enchanté des ateliers artisanaux, où des artisans qualifiés mettent leur âme dans leurs produits. Visitez des ateliers textiles pour voir comment les métiers à tisser fabriquent des textiles exquis à l'aide de procédés séculaires. Observez des potiers qualifiés façonner l'argile en de superbes poteries et des orfèvres créant des bijoux délicats inspirés par la beauté de la nature.

Foires et marchés d'artisanat

Dans les foires et marchés artisanaux d'Andorre, adoptez l'esprit du travail traditionnel. Ces événements dynamiques offrent une expérience authentique au cours de laquelle vous pouvez rencontrer des artisans locaux, en apprendre davantage sur leurs compétences et acheter des articles artisanaux uniques en leur genre. La Feria d'Andorre-la-Vieille et d'autres marchés saisonniers offrent une sélection variée d'artisanat, allant des vêtements en laine et des produits en cuir aux céramiques colorées et aux sculptures en bois.

L'art du travail du bois

Les magnifiques forêts d'Andorre sont depuis longtemps une source d'inspiration pour les menuisiers du pays. Visitez des ateliers artisanaux pour voir comment des artisans expérimentés sculptent des motifs complexes sur le bois pour créer de magnifiques meubles, des objets ornementaux et des reliques religieuses. L'artisanat andorran de l'ébénisterie révèle une histoire d'appréciation de la nature et un lien profond avec la terre.

Traditions de tissage

Découvrez les secrets du tissage textile, une technique séculaire qui a orné les maisons et les vêtements andorrans. Assistez au processus délicat de transformation des ressources brutes en textiles vifs, en dessins et en vêtements traditionnels dans les ateliers textiles. Les mains habiles des tisserands donnent vie aux couleurs et aux textures qui caractérisent l'identité culturelle de la nation.

Céramique et poterie

Explorez la technique de la poterie, qui représente l'essence de l'expression créative d'Andorre. Visitez des ateliers de poterie pour voir comment les artisans façonnent l'argile en magnifiques vases, bols et objets ornementaux. L'art exquis de la céramique andorrane célèbre la beauté de la simplicité et témoigne d'une grande affection pour l'environnement naturel.

Préserver le passé

Plongez dans l'héritage de l'artisanat andorran dans les musées consacrés à ces savoir-faire anciens. Le musée Casa Rull, par exemple, donne un aperçu de la vie quotidienne des générations précédentes en exposant l'artisanat traditionnel et en offrant un aperçu de l'héritage agricole d'Andorre.

Ateliers pratiques

Participez à des ateliers pratiques où vous pourrez devenir un artisan d'une journée comme une expérience unique en son genre. Apprenez les méthodes et les capacités d'artisans professionnels désireux de partager leurs connaissances avec les touristes. Créez vos propres souvenirs, tels que des bols en poterie ou des tissus tissés, et emportez chez vous un souvenir physique de votre séjour en Andorre.

CHAPITRE 8

FÊTES ET TRADITIONS LOCALES

Entrez dans un monde où la musique, la danse et les rituels séculaires tissent une tapisserie de joie et de camaraderie. Chaque célébration, du folklore ancien à l'exubérance actuelle, offre un aperçu unique de la riche tradition et de l'esprit communautaire d'Andorre. Participez au Festival Meritxell, qui honore le saint patron du pays, ou profitez de l'attrait rythmique du Festival international de jazz d'Andorre. Découvrez l'enchantement du carnaval alors que les masques et les costumes colorés remplissent les rues de rires et de joie. Lors de foires animées, laissez-vous séduire par les traditions uniques d'Andorre, où les produits artisanaux, la musique et la nourriture se combinent pour créer une expérience culturelle mémorable. Préparez-vous à être plongé au cœur des célébrations d'Andorre et à découvrir la tapisserie enchanteresse de ses coutumes locales, qui vous laissera de précieux souvenirs et une meilleure compréhension du passé culturel du pays.

VIVRE LES FÊTES ET LES CÉLÉBRATIONS ANIMÉES D'ANDORRE

Chaque événement offre un aperçu unique de la diversité culturelle et de l'esprit communautaire du pays. Préparez-vous à vous laisser emporter par le frisson et l'excitation des festivals et des célébrations animés d'Andorre.

Meritxell Festival

Mois : septembre

Le Festival Meritxell, célébré le 8 septembre, est un moment fort du calendrier culturel d'Andorre. Notre-Dame de Meritxell, la sainte patronne du pays, est honorée par des processions, des rituels religieux et des spectacles folkloriques. Assistez à la vénération et à la dévotion des résidents alors qu'ils rendent hommage à leur saint préféré.

Carnaval

Mois : février

Le carnaval, lorsque les rues d'Andorre éclatent de joie et de joie, est une débauche de couleurs et de rires. Les habitants s'habillent de masques et de costumes extravagants, et la musique et la danse remplissent l'air pendant les défilés. Participez aux événements et mettez-vous dans l'ambiance de la fête.

Festival International de Jazz d'Andorre

Mois : Avril

Les amateurs de musique apprécieront le Festival international de jazz d'Andorre, qui rassemble des artistes de renommée mondiale et des amateurs de jazz pour des performances sincères. Ce festival annuel comprend des spectacles dans des lieux pittoresques, ce qui donne lieu à un beau mariage de la musique et de l'environnement.

Escudella i Carnaval

Mois : février

L'Escudella i Carnaval, une coutume gastronomique qui mêle un ragoût substantiel à l'atmosphère exubérante du carnaval, célèbre l'histoire culinaire d'Andorre. Ce repas bien-aimé rassemble les familles et les amis pour apprécier les arômes du patrimoine culinaire du pays.

Feria d'Andorre-la-Vieille

Mois : Octobre

La Feria d'Andorre-la-Vieille, une foire colorée qui promeut les coutumes locales et l'artisanat, est un incontournable. Promenez-vous parmi les kiosques présentant des articles artisanaux allant des textiles et de la poterie aux beaux bijoux et produits en cuir. C'est une excellente occasion de ramener à la maison des souvenirs uniques qui capturent l'esprit de l'Andorre.

Fête d'Andorre-la-Vieille

Mois : Août

Plongez dans la Fête d'Andorre-la-Vieille, un festival qui met en valeur les nombreuses influences culturelles de la ville. À travers la musique, la danse et la nourriture, vous pourrez découvrir le mélange des cultures catalane et française. Les célébrations comprennent une cuisine délicieuse et des manifestations culturelles.

Festival du shopping d'Andorre

Mois : Novembre

Les fashionistas et les accros du shopping se délectent lors de l'Andorra Shopping Festival, qui met en lumière l'environnement commercial robuste du pays. Profitez de remises exclusives, de présentations de mode et de divertissements tout en faisant du shopping dans un cadre magnifique.

Festivals d'hiver

Mois : décembre à mars

Profitez de la splendeur hivernale lors de l'une des nombreuses festivités hivernales d'Andorre. Il existe plusieurs façons de célébrer le charme de l'hiver dans ce lieu magnifique, allant des championnats de sports de neige aux rassemblements festifs sur les pistes de ski.

MUSIQUE, DANSE ET FOLKLORE TRADITIONNELS

Participez à ce voyage mélodieux à travers la musique, la danse et le folklore traditionnels d'Andorre, où les harmonies anciennes se mêlent aux manifestations modernes de la fierté nationale.

Musique traditionnelle

Découvrez les merveilleuses sonorités de la musique traditionnelle d'Andorre, fortement ancrée dans l'histoire du pays. Découvrez les sons envoûtants de la « Cobla », un ensemble traditionnel composé d'instruments à vent tels que le « tible » et le flabiol, ainsi que du « tabbor » et du « ténora » rythmiques. Les mélodies de la cobla vous transportent dans le temps, évoquant le charme des paysages ruraux d'Andorre.

Spectacles de danse et de folklore

Découvrez les expressions rythmiques des anciennes traditions de danse d'Andorre, chacune avec sa propre personnalité et son histoire. Le « Bal de l'Ours » est un spectacle symbolique dans lequel un danseur costumé interagit avec une personne costumée, dépeignant le combat séculaire entre l'homme et la nature. Découvrez la beauté et l'élégance du « Bal de Cossiers », une danse qui donne vie aux traditions folkloriques avec des costumes colorés et un jeu de jambes exquis.

Festivals et célébrations

Participez aux événements traditionnels d'Andorre, où le folklore occupe une place centrale. Pendant la « Festa Major » (grande fête), les « Diables » (Diables) dansent, captivant les spectateurs avec leurs spectacles enflammés. Explorez la « Fira de la Candelera », où les rituels traditionnels et les célébrations modernes se combinent pour célébrer la Vierge de la Candelaria à travers de la musique, des danses et des défilés colorés.

Contes et légendes andorranes

Entrez dans le royaume fascinant de la mythologie andorrane, où des animaux mythiques et des personnalités légendaires prennent vie. Écoutez les histoires des « Traginers », des porteurs audacieux qui escaladaient des routes de montagne périlleuses, et des « Bruix », de mystérieuses sorcières dont on disait qu'elles erraient dans les forêts. Ces anecdotes passionnantes donnent un aperçu des anciennes croyances et coutumes d'Andorre.

Les mélodies à l'époque moderne

Pendant les festivals de musique et les événements culturels d'Andorre, vous pourrez découvrir un mélange vibrant de musique traditionnelle et moderne. L'Andorra Sax Fest célèbre la diversité des saxophones en réunissant des artistes du monde entier. Au Festival international de jazz d'Andorre, des artistes célèbres attirent le public avec leurs performances passionnées, créant une belle combinaison de jazz et de vues sur les montagnes.

Ateliers d'artisanat traditionnel et de musique

Participez à des cours d'artisanat traditionnel et de musique pour vous immerger dans la culture. Apprenez à faire du « trinxat », une spécialité traditionnelle andorrane, ainsi qu'à sculpter des sculptures en bois complexes. Participez à des cours de musique pour apprendre à jouer du traditionnel « tible » ou « flabiol » et vivez le pouls du cœur culturel d'Andorre.

COUTUMES ET TRADITIONS LOCALES

Aperçu de la culture andorrane

Plongez au cœur de la mosaïque culturelle diversifiée d'Andorre, en embrassant la chaleur de l'hospitalité locale et en découvrant les coutumes ancestrales.

Salutations et étiquette sociale

Découvrez l'accueil chaleureux du peuple andorran, où un sourire aimable et une poignée de main chaleureuse indiquent un accueil authentique. Apprenez l'importance de respecter les aînés par des gestes et des pratiques traditionnels. Au fur et à mesure que vous interagissez avec les gens, apprenez à dire « Bon dia » (Bonjour), « Bona tarda » (Bonjour) et « Bona nit » (Bonne nuit).

Liens familiaux et communautaires

Explorez le fort sentiment de famille et de communauté qui sous-tend la vie andorrane. Découvrez l'importance des réunions de famille et l'importance de passer du temps avec ses proches. Découvrez la gentillesse et l'inclusivité des Andorrans qui accueillent les visiteurs dans leurs petits villages.

Fêtes religieuses

Découvrez la spiritualité et la dévotion des célébrations religieuses d'Andorre, qui sont fortement ancrées dans l'histoire du pays. Pendant les festivités comme la Semana Santa (Semaine Sainte) et la Festa Major de chaque municipalité, vous pouvez voir des processions colorées, des cérémonies religieuses et des rites traditionnels. Ces festivals donnent un aperçu de la forte histoire religieuse et culturelle du peuple andorran.

Traditions culinaires

Laissez-vous tenter par les traditions culinaires exquises d'Andorre, où les spécialités régionales et les recettes traditionnelles racontent l'histoire du passé pastoral du pays. Goûtez aux délices du « trinxat », un repas robuste composé de pommes de terre, de chou et de bacon, et de l'« escudella », un délicieux ragoût qui rassemble les familles lors d'occasions spéciales. Découvrez les différentes saveurs de la cuisine andorrane et la technique d'accord des plats avec les vins locaux.

Robe de fête

Découvrez l'importance des vêtements de fête traditionnels en tant que symbole de l'identité culturelle d'Andorre. Les habitants s'habillent de manière colorée pour les fêtes et les festivals importants afin de montrer leur fierté de leur histoire. Découvrez la beauté et la complexité de ces costumes qui ont été transmis à travers les siècles.

Langue et expressions culturelles

Découvrez le multilinguisme d'Andorre, où le catalan est la langue officielle, mais où l'espagnol et le français sont fréquemment parlés. Apprenez des mots et des expressions cruciaux pour améliorer vos échanges culturels et vous engager avec les habitants de manière plus profonde.

Traditions saisonnières

Immergez-vous dans des pratiques saisonnières qui honorent les cycles de la nature. Vivez le délice de « La Diada de Sant Jordi », un événement amoureux et culturel inspiré de la légende de Saint Georges et du Dragon. Imprégnez-vous de l'esprit de la « Festa de la Maiala », une fête traditionnelle du porc qui célèbre l'abondance de nourriture hivernale et commémore la fin de la saison d'abattage des porcs.

Lignes directrices sur les pourboires et attentes en matière de service

Comprendre les normes de pourboire et les attentes en matière de service dans un nouveau pays peut enrichir votre expérience culturelle tout en démontrant le respect des coutumes locales. Les habitudes de pourboire en Andorre sont largement acceptées ; Cependant, ils diffèrent quelque peu de ceux des autres pays.

Directives pour les pourboires en Andorre

Le pourboire n'est pas obligatoire en Andorre, bien que ce soit une belle façon d'exprimer sa gratitude pour un service exceptionnel. La plupart des restaurants et des hôtels imposent des frais de service, qui sont normalement d'environ 10 % du coût. Bien que cela couvre la composante service, il est d'usage d'offrir un petit pourboire supplémentaire en signe d'appréciation pour un excellent traitement. Par exemple, arrondir l'addition ou laisser un euro ou deux de plus est un geste attentionné et apprécié.

Étiquette à manger

Vous pouvez vous attendre à un service professionnel et à une chaleur authentique lorsque vous dînez en Andorre. Le service dans les restaurants est agréable et attentionné sans être envahissant. Prenez votre temps avec chaque plat et appréciez le rythme détendu des repas. Si vous êtes satisfait du service, un signe de gratitude sous la forme d'un pourboire sera accepté avec gratitude par le personnel.

Bars et cafés

Le pourboire n'est pas aussi populaire dans les cafés et les bars que dans les restaurants, mais laisser un petit pourboire est un beau geste si vous avez eu un bon service. Dans les restaurants, arrondir l'addition ou laisser de la monnaie est un moyen facile d'exprimer votre gratitude pour le service reçu.

Hôtels et hébergements

Le personnel des hôtels fait tout son possible pour rendre votre séjour confortable et agréable. Alors que de nombreux hôtels incluent des frais de service dans leurs tarifs, il est d'usage de donner un petit pourboire aux agents de nettoyage qui gardent votre chambre propre pendant votre séjour. Un don quotidien d'un euro ou deux est un geste attentionné pour reconnaître leurs efforts.

Excursions et guides touristiques

Il n'est pas nécessaire de donner un pourboire au guide touristique si vous participez à des visites guidées ou à des excursions, mais vous êtes apprécié si vous pensez qu'il vous a offert des informations importantes et enrichi votre expérience. Un pourboire de 5 à 10 % du coût de la visite est un gage d'appréciation pour leurs connaissances et leur engagement à rendre le voyage agréable.

Voici quelques exemples d'exigences de service en Andorre :

Restaurants : Les serveurs des restaurants sont tenus d'être courtois et attentifs. Ils doivent être familiers avec le menu et capables de fournir des recommandations.

Bars : Les barmans sont censés être agréables et efficaces. Ils doivent être capables de préparer des boissons rapidement et avec précision.

Hôtels : Les grooms des hôtels sont censés être courtois et efficaces. Ils doivent être capables de transporter des sacs et de donner des indications.

Personnel d'entretien ménager : Le personnel d'entretien ménager est censé nettoyer correctement les chambres et les laisser propres. Ils devraient également être en mesure de fournir de nouvelles serviettes et de la literie.

Chauffeurs de taxi : Les chauffeurs de taxi sont censés être courtois et éduqués. Ils doivent être en mesure de vous amener à destination de manière sûre et efficace.

En Andorre, les normes de pourboire et les attentes en matière de service établissent un équilibre délicat entre les remerciements et le respect des coutumes locales. N'oubliez pas que si le pourboire est un beau geste, il doit être fait avec honnêteté et proportionnellement au niveau de service reçu. Acceptez la chaleur et l'authenticité de l'Andorre, et votre appréciation sincère laissera une marque durable sur les personnes que vous rencontrerez en cours de route.

CHAPITRE 9

RETRAITES DE DÉTENTE ET DE BIEN-ÊTRE

STATIONS THERMALES ET CENTRES DE BIEN-ÊTRE

Découvrez un environnement calme et ressourçant où votre bien-être est favorisé et vos sens sont éveillés à la beauté de la vie. Préparez-vous à embarquer pour un incroyable voyage de détente et de régénération dans les régions magiques d'Andorre.

MEILLEURS SPAS THERMAUX ET CENTRES DE BIEN-ÊTRE

Caldea : *un havre de bien-être thermal à Andorre-la-Vieille*

Caldea, la plus grande station thermale d'Andorre, offre les avantages thérapeutiques des sources thermales naturelles. Ce joyau architectural d'Andorre-la-Vieille propose une variété de piscines intérieures et extérieures remplies d'eaux thermales douces. Détendez-vous et revitalisez-vous tout en profitant d'une vue imprenable sur les montagnes avec des soins de spa qui allient les pouvoirs thérapeutiques des eaux thermales aux techniques de bien-être actuelles.

Inu : *une retraite de bien-être exclusive au cœur de l'Andorre*

Retraite à Inu, un centre de traitement privé rattaché à Caldea qui offre une retraite calme pour les adultes. Faites l'expérience de programmes de santé personnalisés adaptés à vos besoins spécifiques, tels que des thérapies holistiques, des séances de méditation et des soins de spa exquis. Dans ce magnifique refuge, entourez-vous d'un environnement de montagne tranquille tout en recherchant l'équilibre intérieur et la paix.

Ordino Wellness : *Sérénité Naturelle*

Laissez-vous tenter par la sérénité imprégnée de nature à Ordino Wellness, un refuge situé dans la charmante ville d'Ordino. Des expériences de spa en plein air sont disponibles ici, entourées de vues spectaculaires sur les montagnes. Profitez de bains thermaux entourés de la magnificence de la nature et de retraites boisées rajeunissantes qui favorisent la guérison et l'ancrage.

Sport Wellness Mountain Spa : *Soldeu Revitalization*

Situé dans la ville pittoresque de Soldeu, le Sport Wellness Mountain Spa propose une variété d'équipements de bien-être dans un magnifique décor de montagne. Laissez-vous séduire par le mélange de paysages de montagne et de bien-être, où les eaux thermales et les soins de spa se combinent pour créer une retraite de ressourcement.

Anyós Park Wellness Mountain and Spa : *une retraite dans la verdure*

Situé dans la charmante ville d'Anyós, le Anyós Park Wellness Mountain & Spa offre un havre de paix entouré d'une nature luxuriante. Profitez de programmes de bien-être personnalisés qui comprennent des cours de yoga et de méditation, ainsi qu'une large gamme de soins de spa qui favorisent la relaxation et le bien-être.

Hermitage Mountain Residences : la *retraite de bien-être de luxe de Canillo*

Hermitage Mountain Residences, un hôtel haut de gamme à Canillo qui offre une escapade de santé, est le summum du luxe. Profitez de soins de spa de classe mondiale tels que l'hydrothérapie et les massages tout en dégustant des plats de spa exquis. Laissez le paysage alpin tranquille compléter votre voyage de détente et de régénération.

L'Aldosa de Canillo : *une retraite de bien-être naturelle*

Cette charmante station thermale de la ville pittoresque de L'Aldosa de Canillo offre une atmosphère petite et intime pour se ressourcer. Découvrez le pouvoir thérapeutique des eaux thermales en combinaison avec des thérapies holistiques et des activités de bien-être qui nourrissent à la fois votre corps et votre esprit.

Thérapies de relaxation et soins de spa

Les thérapies de relaxation et les soins de spa en Andorre offrent un large choix d'expériences revitalisantes, chacune destinée à calmer votre esprit, votre corps et votre esprit. Que vous souhaitiez vous détendre, vous nettoyer ou simplement vous détendre, ces soins sont adaptés à vos besoins spécifiques et vous laisseront une sensation de fraîcheur et de revigoration.

Retraites en forêt

Immergez-vous dans la sérénité de la nature avec des escapades dans les bois qui offrent un répit complet des rigueurs de la vie contemporaine. Les randonnées guidées à travers un feuillage luxuriant offrent des expériences d'ancrage, tandis que les séances de yoga en forêt apportent la paix à votre corps et à votre esprit. Réfugiez-vous dans l'étreinte de la nature et détendez-vous profondément au milieu de paysages époustouflants.

Thérapies holistiques

Explorez le domaine des thérapies holistiques qui visent à équilibrer votre santé physique, mentale et émotionnelle. Les séances de yoga et de méditation peuvent vous aider à créer le calme intérieur et l'harmonie. Les traitements de Reiki et de guérison énergétique éliminent les blocages et favorisent la guérison, vous laissant une sensation d'enracinement et de fraîcheur.

Spa Cuisine

Profitez des plaisirs de la cuisine de spa, où des repas nutritifs et délicieux nourrissent à la fois le corps et l'esprit. Acceptez l'idée d'une alimentation consciente en savourant chaque repas avec gratitude et appréciation. Une expérience culinaire qui soutient votre parcours de bien-être est créée avec des produits frais et locaux.

Retraites naturelles : retraites et jardins relaxants

Détendez-vous au milieu de la végétation luxuriante, respirez l'air pur de la montagne et laissez les sons calmes de l'eau courante apaiser votre esprit. Ces retraites naturelles ont été méticuleusement conçues pour offrir un refuge paisible où vous pourrez vous reconnecter avec la nature et atteindre l'harmonie intérieure. Profitez de promenades tranquilles dans des jardins colorés décorés de belles fleurs, ou reposez-vous simplement dans la paix et la tranquillité de sanctuaires cachés qui favorisent la réflexion et la détente.

JARDINS ET PARCS D'ANDORRE

Chaque jardin et parc a été minutieusement planifié, offrant un répit tranquille au milieu de la beauté naturelle des montagnes des Pyrénées et présentant un assortiment de flore et de faune qui ravit la vue et détend l'esprit.

Parc Central

Le Parc Central, situé au centre de la capitale, est un magnifique parc verdoyant qui offre un merveilleux répit aux habitants et aux visiteurs. Promenez-vous le long des allées bordées de fleurs, reposez-vous au bord des étangs tranquilles et écoutez le chant des oiseaux pendant que vous vous immergez dans ce sanctuaire urbain.

Parc Naturel de la Vall de Sorteny

Profitez de la splendeur naturelle du parc naturel de la vallée de Sorteny, un trésor floral qui abrite plus de 700 variétés de plantes. Cette réserve est un refuge pour les amoureux de la nature et offre un endroit charmant pour des promenades tranquilles. Immergez-vous dans la vue et l'arôme des fleurs alpines, et abandonnez-vous à la tranquillité et à la sérénité qui vous entourent.

Parc dels Ocells

Le Parc dels Ocells, plus connu sous le nom de Parc des Oiseaux, vous accueille pour observer un large éventail d'espèces d'oiseaux dans leur environnement naturel. Ce sanctuaire d'oiseaux est un endroit idéal pour les ornithologues amateurs qui souhaitent voir ces beautés ailées dans leurs volières en vol libre et en apprendre davantage sur leurs efforts de conservation.

LIEUX DE MÉDITATION ET RETRAITES TRANQUILLES

Les sites de méditation et les retraites calmes en Andorre offrent un refuge contre le monde agité, permettant la contemplation et la tranquillité intérieure. Ce cadre paisible, niché entre les montagnes et les bois, est propice à la méditation et aux activités de pleine conscience.

Santuari de Meritxell

Découvrez la tranquillité spirituelle du sanctuaire de Meritxell, le saint patron d'Andorre. Ce sanctuaire dégage un sentiment de calme et de sainteté, offrant un cadre serein pour la contemplation silencieuse et la méditation. Explorez la belle église et ses environs pour ressentir une connexion avec le divin.

Camí Ral de la Placeta

Le Camí Ral de la Placeta, ou Chemin Royal de La Placeta, est un sentier historique qui traverse un environnement paisible, offrant une atmosphère agréable pour l'introspection. Promenez-vous le long de ce sentier historique parmi les beautés de la nature pour vivre des moments de paix et de clarté.

Ermita de Sant Miquel d'Engolasters

L'Ermita de Sant Miquel d'Engolasters est un charmant ermitage perché sur une colline avec une vue imprenable sur les montagnes environnantes. Ce refuge spirituel vous encourage à trouver du réconfort dans son environnement calme et à profiter de la tranquillité des montagnes.

PROMENADES DANS LA NATURE ET BAINS DE FORÊT

Découvrez les anciennes traditions des bains de forêt et des randonnées dans la nature, où vous pourrez vous immerger dans le pouvoir de guérison de la nature. Les forêts verdoyantes d'Andorre offrent l'atmosphère idéale pour se rafraîchir et se reconnecter avec la nature.

Vall de Incles

La Vall de Incles, une belle vallée, offre une agréable escapade dans la nature. Promenez-vous tranquillement sur ses sentiers bien balisés, respirez l'air frais de la montagne et découvrez l'énergie curative de la forêt. Découvrez les bienfaits vivifiants du bain de forêt, une pratique de méditation qui implique d'être totalement présent dans la nature.

Parc Naturel de la Vall del Madriu-Perafita-Claror

La vallée du Madriu-Perafita-Claror, classée au patrimoine mondial de l'UNESCO, est un paradis naturel pour les bains de forêt et les randonnées dans la faune. Promenez-vous dans des forêts luxuriantes, écoutez le doux gargouillis des rivières et laissez l'environnement sauvage rafraîchir vos sens.

Bosc de la Rabassa

Bosc de la Rabassa est une région boisée reconnue pour ses belles vues et son atmosphère tranquille. Permettez à l'environnement naturel d'évacuer les tensions et de renouveler votre âme en faisant une promenade guidée dans la nature ou en vous adonnant à une séance de bain de forêt solitaire.

CHAPITRE 10

DÉLICES CULINAIRES ET CUISINE LOCALE

GASTRONOMIE ANDORRAISE

Saveurs traditionnelles et modernes

La gastronomie andorrane est un melting-pot culinaire inspiré par sa position dans les Pyrénées, sa proximité avec la France et l'Espagne, et son histoire comme carrefour culturel.

La cuisine andorrane est substantielle et rustique, produite avec des produits locaux tels que l'agneau, le porc, le bétail, les pommes de terre, le chou et les légumes de saison.

La cuisine andorrane a connu un regain d'intérêt pour les plats traditionnels ces dernières années, ainsi que l'émergence d'une nouvelle génération de chefs expérimentant des techniques et des ingrédients modernes. En conséquence, il y a de plus en plus de restaurants en Andorre qui proposent des versions nouvelles et inventives de la cuisine traditionnelle andorrane.

L'Andorre est un endroit incroyable à visiter si vous voulez faire un voyage gastronomique. La cuisine andorrane, avec son mélange d'ingrédients traditionnels et modernes, ravira à coup sûr les palais les plus délicats.

INTRODUCTION À LA CUISINE ANDORRANE ET AUX INFLUENCES CULINAIRES

L'environnement gastronomique d'Andorre est un melting-pot de saveurs, s'inspirant des pays environnants que sont l'Espagne, la France et la Catalogne. Ces influences sont magistralement mélangées à la nourriture, ce qui donne un délicieux mélange de saveur et de technique.

Influences culinaires

Les influences culinaires de l'Andorre remontent à sa position dans les Pyrénées, qui ont traditionnellement servi de carrefour culturel. La proximité du pays avec la France et l'Espagne a également eu un effet significatif sur sa cuisine, avec plusieurs plats ressemblant à ceux de ses voisins.

- **L'influence de la montagne**

La cuisine d'Andorre reflète le paysage rude et le mode de vie montagneux des Pyrénées. Les aliments traditionnels sont robustes et nutritifs, idéaux pour garder les habitants au chaud tout au long des longs hivers. Ragoûts salés, rôtis somptueux et fromages artisanaux mettent en valeur le meilleur de la gastronomie de montagne.

- **Touche française**

L'influence française apporte grâce et raffinement à la cuisine andorrane. Les traditions culinaires françaises élèvent les aliments vers de nouveaux sommets, et d'excellentes préparations qui excitent les sens sont disponibles. La touche française donne un peu d'élégance à l'expérience culinaire, des pâtisseries délicates aux sauces salées.

- **Saveurs espagnoles**

Avec une explosion de zeste et d'épices, les ingrédients espagnols enrichissent la cuisine andorrane. Préparez-vous à être séduit par une variété de tapas, de chorizo et de plats de fruits de mer colorés inspirés par la richesse de la mer Méditerranée adjacente. Les caractéristiques espagnoles ajoutent de la vitalité et une passion ardente au plat.

- **Essence catalane**

La cuisine d'Andorre est influencée par la Catalogne, avec une abondance d'aliments frais et d'herbes parfumées. Les Catalans ont une forte affinité pour les produits locaux, et vous découvrirez des salades, des plats à base de légumes et des fruits de mer qui mettent en valeur la générosité agricole de la région.

- **Traditions rurales et créativité moderne**

La cuisine andorrane allie avec élégance traditions rustiques et inventivité moderne. Alors que les recettes et les méthodes de cuisson traditionnelles sont maintenues, les chefs contemporains intègrent des techniques créatives et des inspirations mondiales pour produire des merveilles culinaires qui plaisent à un large éventail de goûts.

PLATS RÉGIONAUX ET INGRÉDIENTS LOCAUX

Plats régionaux

L'Andorre est divisée en sept paroisses, chacune ayant son propre patrimoine culinaire. Explorez les spécialités régionales d'Andorre, chacune d'entre elles reflétant l'héritage culturel et les traditions culinaires du pays. Ces plats régionaux donnent un aperçu des différents environnements qui composent la gastronomie d'Andorre, allant des plats de montagne robustes aux spécialités d'inspiration côtière.

- **Escudella i Carn d'Olla**

L'« Escudella i Carn d'Olla », un ragoût copieux généralement cuisiné lors d'événements festifs, vous transportera dans la chaleur des hivers d'Andorre. Cette recette copieuse combine un bouillon épais avec un mélange de viandes, de légumes et de pâtes pour un souper copieux et sain.

- **Trinxat**

Trinxat est un repas à base de chou, de pommes de terre et de saucisses qui est généralement servi avec un œuf au plat. C'est un repas d'hiver populaire qui est souvent servi comme plat principal. En règle générale, le chou et les pommes de terre sont cuits ensemble avant que la saucisse ne soit ajoutée. Un œuf cuit est ensuite placé sur le dessus du repas. Trinxat est un repas complet et copieux, idéal pour une froide journée d'hiver.

- **Truita a la Andorrana**

La Truita a la Andorra est enveloppée de jambon de porc et de truite ou de saumon grillés. C'est un repas populaire qui est souvent servi en plat principal ou en tapas. En règle générale, la truite ou le saumon est cuit avant d'être enveloppé de jambon de porc. Le repas est ensuite accompagné d'une portion de pommes de terre ou de riz. Truita a la Andorra est une recette savoureuse et nutritive qui convient à toutes les occasions.

- **Bacallà a la Llauna**

La « Bacallà a la Llauna », un plat andorran classique composé de poisson salé grillé accompagné d'aïoli (mayonnaise à l'ail), vous transportera jusqu'à la mer. La proximité de l'Andorre avec la mer Méditerranée se reflète dans cette délicatesse d'inspiration côtière.

- **Les Embotits**

Les embotits sont diverses charcuteries telles que le chorizo, les saucisses et les jambons. Ils sont une collation ou un apéritif populaire, et ils sont souvent servis avec du pain. Les charcuteries sont principalement produites à partir de porcs et sont assaisonnées d'ail, d'épices et d'herbes. Les embotits sont une collation savoureuse et savoureuse qui convient à toutes les occasions.

- **Crème catalane**

La Crema Catalana est une tarte à la crème pâtissière avec une garniture en sucre caramélisé. C'est un dessert populaire qui est souvent servi avec de la crème glacée en accompagnement. Les tartelettes à la crème sont traditionnellement préparées avec des œufs, du lait et du sucre. La garniture au sucre caramélisé est ensuite appliquée. La Crema Catalana est un dessert luxueux et délectable qui convient à toutes les occasions.

- **Cargols**

Les cargols sont des escargots cuits dans une sauce à l'ail. Ils sont un apéritif ou une collation populaire, et ils sont souvent servis avec du pain. Les escargots sont généralement préparés dans une sauce composée d'ail, d'huile d'olive et de vin blanc. Ils sont ensuite accompagnés d'une portion de pain à tremper. Les cargols sont un apéritif savoureux et intéressant qui satisfera même les gourmets les plus difficiles.

Ingrédients locaux

Le secteur culinaire d'Andorre s'appuie sur l'abondante production de ses régions luxuriantes, produisant une symphonie gastronomique d'ingrédients frais et savoureux. L'engagement du pays à utiliser des produits locaux et durables donne une touche distinctive à chaque repas, vous permettant de découvrir l'esprit authentique de l'Andorre. Parmi les ingrédients locaux les plus répandus, on trouve :

Agneau : L'agneau est une viande populaire en Andorre et est fréquemment utilisé dans les ragoûts, les soupes et les plats rôtis.

Porc : Une autre viande populaire en Andorre, le porc est fréquemment utilisé dans les saucisses, les jambons et les charcuteries.

Bœuf : Bien que le bœuf soit moins populaire en Andorre que l'agneau ou le porc, il est néanmoins utilisé dans diverses recettes, telles que les ragoûts et les rôtis.

Pommes de terre : Les pommes de terre sont une culture principale en Andorre et sont utilisées dans une variété de recettes, y compris le trinxat, l'escudella et les aliments rôtis.

Chou : Le chou est un autre légume populaire en Andorre, et il est fréquemment utilisé dans les soupes, les ragoûts et les salades.

Haricots : Légumineuse commune en Andorre, le haricot est fréquemment utilisé dans les ragoûts, les soupes et les salades.

Champignons sauvages : Les champignons sauvages sont un mets de saison en Andorre et sont fréquemment utilisés dans les soupes, les ragoûts et les risottos.

Légumes biologiques : Explorez la richesse des légumes biologiques cultivés dans les vallées verdoyantes d'Andorre. De la laitue croquante aux tomates juteuses, les goûts vifs de ces légumes frais de la ferme enrichissent chaque plat.

Miel et noix : Faites plaisir à vos papilles gustatives avec la douceur naturelle du miel et des noix d'Andorre. Ces éléments nutritifs apportent de la profondeur et de la richesse aux plats salés et sucrés, cimentant ainsi leur place dans le caractère culinaire du pays.

Vins d'Andorre : Levez votre verre aux vins d'Andorre, qui se marient bien avec la cuisine exquise du pays. Découvrez le terroir et les cépages distincts qui contribuent à la richesse et à la complexité des vins d'Andorre.

La cuisine andorrane est diversifiée et savoureuse, inspirée par sa position dans les Pyrénées, sa proximité avec la France et l'Espagne, et son histoire en tant que carrefour culturel. Chacune des sept paroisses du pays possède son propre patrimoine culinaire et l'utilisation de produits locaux est essentielle à la qualité de la cuisine andorrane.

VINS ANDORRANS ET BIÈRES ARTISANALES

Vins d'Andorre

La vinification est pratiquée en Andorre depuis l'époque romaine. La température et la géographie du pays sont idéales pour la viticulture, et il y a actuellement plus de 100 vignobles en Andorre. Le grenache, le tempranillo et le macabeo sont les cépages les plus répandus plantés en Andorre.

Les vins andorrans sont légers et fruités, avec des notes de fruits rouges, d'herbes et d'épices. Ils sont souvent classés comme « axés sur le terroir », ce qui signifie que la saveur du vin est affectée par le climat et les caractéristiques particulières du sol d'Andorre.

Acceptation des cépages locaux : La culture viticole d'Andorre est profondément ancrée dans son terroir, où les cépages locaux prospèrent. Chaque cépage, du « Pinot Noir » fort et terreux au « Garnatxa » parfumé et fruité, raconte l'histoire de la riche histoire viticole du pays et de ses microclimats distincts.

À la découverte de l'art de la haute altitude : la vinification Les vignobles d'Andorre sont situés à des hauteurs magnifiques allant de 700 à 1200 mètres d'altitude. Cette vinification d'altitude donne aux vins un caractère particulier, avec une acidité vive et des saveurs raffinées qui se marient à merveille avec la cuisine locale.

Parmi les vins andorrans les plus populaires, citons :

Cava : Le cava est un vin mousseux élaboré en Andorre selon des méthodes traditionnelles. Il est souvent préparé à partir d'une combinaison de raisins tels que le Macabeo, le Parellada et le Xarello.

Rosé : Les vins rosés sont préparés à partir de raisins rouges, mais les peaux ne sont conservées que pendant une courte période, ce qui donne au vin une teinte rosée. Les vins rosés d'Andorre sont souvent légers et fruités, avec des notes de fraises, de framboises et de cerises.

Rouge : Le vin rouge est dérivé du raisin rouge et est souvent vieilli en fûts de bois. Les vins rouges andorrans sont corsés et riches, avec des notes de mûres, d'épices et de cuir.

Bières artisanales andorranes

Avec près d'une douzaine de brasseries dans le pays, l'Andorre peut se targuer d'une culture de la bière artisanale en plein essor. Les pale ales, les IPA et les stouts sont les genres de bière les plus populaires en Andorre.

Les bières artisanales en Andorre sont souvent créées à partir d'ingrédients locaux et ont un caractère de saveur spécifique qui reflète le terroir distinct du pays. Parmi les bières artisanales andorranes les plus populaires, on peut citer :

La Valira : Cette pale ale est fabriquée à partir d'une combinaison de houblon qui lui donne une saveur piquante et agréable.

Ordino : Cette IPA est produite avec un pourcentage élevé de houblon, ce qui lui donne une saveur houblonnée robuste.

Serra de les Solanetes : Brassée à partir de malts torréfiés, cette stout a un goût profond et chocolaté.

Les vins andorrans et les bières artisanales sont une délicieuse façon de goûter au terroir distinct du pays. L'Andorre a quelque chose pour tout le monde avec ses vins légers et fruités et ses bières artisanales corsées et savoureuses.

Restaurants Suggestions

L'Andorre dispose d'une gamme variée de restaurants vendant de tout, de la cuisine andorrane indigène à la cuisine étrangère. Voici quelques-uns des meilleurs restaurants d'Andorre.

La Borda Pairal

Dans la ville d'Ordino, vous trouverez cet authentique restaurant de ferme andorrane. Le menu comprend des repas robustes créés avec des ingrédients locaux, notamment l'escudella, le trinxat et le rabo de toro. La Borda est un excellent choix pour une vraie cuisine andorrane dans un environnement rural.

Borda Estevet

Borda Estevet est un complexe gastronomique qui combine des techniques modernes avec des ingrédients indigènes d'Andorre. Attendez-vous à une cuisine inventive qui met en valeur les spécialités de la région sur leur menu de saison en constante évolution. Pour un voyage gastronomique étonnant, laissez-vous tenter par leurs délicieux repas.

Sol i Neu Club Hermitage

Le Sol i Neu Club Hermitage, un restaurant étoilé au guide Michelin proposant une superbe cuisine fusion catalane et andorrane, est l'endroit idéal pour vivre une expérience culinaire d'élite. Leurs repas savamment préparés, produits avec les meilleurs ingrédients locaux, offrent une expérience culinaire inoubliable.

Casa Canut

Casa Canut est un restaurant familial apprécié et reconnu pour son élégance et ses prouesses culinaires. Leur cuisine d'inspiration méditerranéenne est un délice culinaire. Pour une expérience culinaire merveilleuse, essayez leur délicieuse paella aux fruits de mer et leurs desserts exquis.

Boulangeries et cafés andorrans

Découvrez les charmantes boulangeries et cafés d'Andorre, dont l'Escudella Pastisset. Ces délicieuses pâtisseries, fourrées à la confiture de potiron et saupoudrées de sucre en poudre, se marient parfaitement avec une tasse de café parfumé.

Celler d'en Toni

C'est à Andorre-la-Vieille que l'on trouve ce restaurant catalan. La cuisine comprend des spécialités catalanes ainsi que des plats étrangers. Le Celler d'en Toni est un excellent endroit pour déguster des plats traditionnels catalans.

Plató Restaurant by Arthotel

C'est à Escaldes-Engordany que se trouve cet établissement gastronomique. Un menu dégustation de plats catalans contemporains est disponible. Le restaurant Plató est un excellent choix pour tous ceux qui cherchent à goûter au meilleur de la cuisine catalane dans un environnement magnifique.

KokoSnot

C'est à Andorre-la-Vieille que l'on trouve ce restaurant fusion asiatique. Le menu comprend un large éventail de cuisines asiatiques, avec un accent sur la cuisine japonaise et coréenne. KokoSnot est un excellent endroit pour essayer quelque chose de nouveau.

EXPÉRIENCES CULINAIRES ET RESTAURANTS

Marchés alimentaires locaux et expériences de la ferme à la table

L'Andorre est un petit pays avec une industrie agricole florissante. Il existe plus de 1 000 fermes dans le pays, produisant une gamme variée de cultures et de bétail. Cette disponibilité de produits frais et locaux est un attrait clé pour ceux qui recherchent des expériences culinaires de la ferme à la table.

L'Andorre dispose d'une variété de restaurants qui s'approvisionnent auprès de fermes locales. Ces restaurants proposent fréquemment des menus dégustation qui mettent en valeur les saveurs de la saison. En plus des restaurants, l'Andorre compte un certain nombre de marchés alimentaires locaux où vous pouvez acheter des fruits frais, de la viande, des fromages et d'autres produits régionaux.

Voici quelques avantages associés à la restauration de la ferme à la table en Andorre :

Des ingrédients plus frais : Lorsque vous mangez de la ferme à la table, vous mangez des aliments qui ont été récoltés ou tués quelques heures seulement avant qu'ils ne soient servis. Cela indique que le repas est le plus frais et le plus savoureux.

Soutenir les agriculteurs locaux : En mangeant de la ferme à la table, vous aidez les agriculteurs locaux à créer des aliments de haute qualité. Cela contribue à ce que l'économie locale reste robuste et durable.

Manger plus sainement : Les recettes de la ferme à la table comprennent souvent des fruits et légumes de saison nutritifs. Ces recettes sont également moins susceptibles d'inclure des ingrédients transformés et des produits chimiques.

Voici quelques-uns des meilleurs restaurants de la ferme à la table et des marchés alimentaires locaux d'Andorre :

La Borda : Dans la ville d'Ordino, vous trouverez ce restaurant de ferme andorrane classique. Le menu comprend des repas préparés avec des ingrédients frais et locaux, notamment l'escudella, le trinxat et le rabo de toro.

MiraKbé !: MiraKbé ! est un restaurant andorran contemporain à Andorre-la-Vieille. Le menu propose une nouvelle version des plats andorrans classiques ainsi que des plats étrangers. De nombreux ingrédients utilisés par MiraKbé ! proviennent d'agriculteurs locaux.

Mercat del Pla : Ce marché alimentaire local est situé dans le centre d'Andorre-la-Vieille. C'est un excellent endroit pour acheter des fruits frais, des viandes, des fromages et d'autres articles régionaux.

Fira de la Tardor : Chaque année, l'Andorre accueille cette foire d'automne. C'est un endroit idéal pour déguster des plats traditionnels andorrans et acheter de la nourriture et de l'artisanat locaux.

Options végétariennes, végétaliennes et sans gluten

L'Andorre est idéale pour les végétariens, les végétaliens et ceux qui suivent un régime sans gluten. Il existe une variété de restaurants végétariens, végétaliens et sans gluten en Andorre.

Voici quelques avantages associés à une alimentation végétarienne, végétalienne ou sans gluten en Andorre :

Plus de variété : Il existe de nombreux excellents restaurants végétariens, végétaliens et sans gluten en Andorre. Cela signifie que vous aurez le choix entre un grand choix d'aliments, afin que vous ne manquiez rien de la délicieuse cuisine d'Andorre.

Options plus saines : Les régimes végétariens, végétaliens et sans gluten peuvent être bénéfiques pour votre santé. Ces régimes contiennent souvent moins de graisses saturées, de cholestérol et de sel. Ils contiennent également plus de fibres, de vitamines et de minéraux.

Respectueux de l'environnement : Les régimes végétariens, végétaliens et sans gluten peuvent également être moins nocifs pour l'environnement. Ces régimes consomment moins de terres, d'eau et d'énergie que les régimes à base de viande.

Voici quelques-uns des meilleurs restaurants végétariens, végétaliens et sans gluten d'Andorre :

La Crêperie : Andorre-la-Vieille possède une crêperie appelée La Crêperie. Il propose des crêpes végétariennes et végétaliennes, ainsi que des alternatives sans gluten.

L'Hortet : L'Hortet est un restaurant végétarien d'Andorre-la-Vieille. Il sert une cuisine végétarienne inventive et délicieuse.

El Vegetariano : El Vegetariano est un restaurant végétalien situé à Escaldes-Engordany. Il sert un large éventail de plats végétaliens substantiels et copieux.

Ametller Origen : Ametller Origen est un magasin d'aliments naturels situé à Andorre-la-Vieille. Il dispose d'un bar à salades et d'une sélection de produits sans gluten et végétaliens.

FESTIVALS GASTRONOMIQUES ET ÉVÉNEMENTS CULINAIRES

Festivals et événements

En Andorre, la nourriture est plus qu'une simple nourriture ; C'est un aspect intrinsèque de la culture et du caractère du pays. Les Andorrans célèbrent leur riche histoire gastronomique tout au long de l'année avec une variété de festivals et d'événements passionnants qui mettent en valeur le meilleur de la gastronomie locale.

Fira de la Tardor : Chaque année au mois d'octobre, l'Andorre accueille cette foire d'automne. C'est un endroit idéal pour déguster des plats traditionnels andorrans et acheter de la nourriture et de l'artisanat locaux.

Esmorzar a la Muntanya : De juin à septembre, ce petit-déjeuner montagnard est servi tous les dimanches. C'est une excellente occasion de goûter aux saveurs des Highlands tout en admirant les paysages à couper le souffle.

Els Sopars del Priorat : Chaque été, cette série de dîners gastronomiques a lieu dans la ville d'Ordino. C'est une excellente occasion de déguster les produits de certains des meilleurs chefs d'Andorre.

Cava et Gastronomia : Cet événement de cava et de gastronomie a lieu chaque année en novembre. C'est une excellente occasion d'essayer certains des meilleurs cavas du monde tout en dégustant de délicieuses combinaisons de plats.

Fête des Coques

L'un des festivals gastronomiques les plus populaires d'Andorre est la Fête des Coques, une célébration des pâtisseries sucrées traditionnelles connues sous le nom de « coques ». Ce festival annuel rassemble les habitants et les visiteurs pour profiter d'une délicieuse sélection de « coques », qui se présentent sous une variété de formes et de goûts. La variété de ce dessert traditionnel, des coques originales aux amandes à celles fourrées à la crème ou aux fruits, est un monument à l'ingéniosité des boulangers andorrans.

La Purssima

Un autre point fort gastronomique d'Andorre est La Purssima, qui est célébrée en décembre. Au cours de cette célébration, les familles et les communautés se réunissent pour créer et partager leurs plats préférés, qui mettent en valeur la variété des cuisines andorranes. Les recettes familiales traditionnelles occupent le devant de la scène, et l'air est rempli des arômes alléchants de ragoûts substantiels, de viandes rôties et de délicieuses friandises. Si vous participez aux célébrations, vous aurez droit à un festin royal.

Ateliers et expériences culinaires

L'Andorre offre une variété de cours de cuisine et d'expériences culinaires qui offrent une occasion unique de découvrir la culture culinaire du pays et de s'essayer à la cuisine locale.

Ateliers de cuisine La Borda : Ce restaurant de ferme typiquement andorrane propose des ateliers de cuisine où vous pourrez apprendre à préparer certains des plats les plus célèbres du pays.

Cours de dégustation et de cuisine de cava : Cet événement combine une dégustation de cava avec un cours de cuisine au cours duquel vous apprendrez à préparer un repas typique andorran à base de cava.

Visite gastronomique d'Andorre : Cette visite gastronomique vous emmène dans certains des plus grands restaurants d'Andorre pour découvrir une gamme de plats traditionnels.

Dégustations et visites gastronomiques

L'Andorre offre une variété de dégustations et d'excursions culinaires qui vous permettent de découvrir certaines des spécialités locales les plus délicieuses du pays.

Dégustation de fromages : Au cours de cette dégustation, vous visiterez un fromager local et dégusterez une sélection de fromages andorrans.

Dégustation de vins : Au cours de cette dégustation, vous visiterez une cave locale et dégusterez une sélection de vins andorrans.

Menu dégustation dans un restaurant étoilé Michelin : Ce menu dégustation vous permet de déguster certains des meilleurs plats d'Andorre.

CHAPITRE 11

EXCURSIONS D'UNE JOURNÉE ET DESTINATIONS À PROXIMITÉ

EXCURSIONS D'UNE JOURNÉE RECOMMANDÉES DANS LES VILLES ET VILLAGES VOISINS

L'Andorre est une petite nation, mais elle est bordée de belles villes et villages qui font d'excellentes excursions d'une journée. Voici quelques-uns de nos favoris :

Lleida : Lleida est une ville charmante avec une histoire et une culture riches. C'est la capitale de la province espagnole de Lleida. La ville est située sur les rives du Sègre, entourée par les Pyrénées. Les points forts historiques et culturels de Lleida comprennent la Seu Vella (cathédrale de Lleida), le musée d'art Jaume Morera et le parc de la Mitjana.

Puigcerdà : Puigcerdà est un charmant village avec une vieille ville médiévale et des vues à couper le souffle sur les montagnes. C'est dans les Pyrénées catalanes, juste de l'autre côté de la frontière d'Andorre. Puigcerdà est un lieu populaire pour la randonnée, le ski et d'autres activités de plein air. Il y a aussi une variété d'attractions historiques et culturelles dans la ville, comme le Castell de Puigcerdà, le Museu del Ter et le Parc dels Pinetons.

Foix : Foix est une ville charmante avec une vieille ville magnifique et une scène culturelle florissante. Il se trouve dans le département français de l'Ariège, à environ une heure de route d'Andorre. Le château de Foix, le musée des Beaux-Arts et la Halle aux Grains font partie des attractions historiques et culturelles de Foix. La randonnée, la moto et d'autres activités de plein air sont également populaires dans la ville.

Barceloneta : Le quartier de la Barceloneta à Barcelone est un quartier lumineux et dynamique sur la mer Méditerranée à Barcelone, en Espagne. C'est une attraction populaire pour les visiteurs et les résidents. La Barceloneta dispose d'une plage de sable, d'une vie nocturne animée et d'un certain nombre de sites remarquables tels que la plage de la Barceloneta, le Port Vell et le marché de la Barceloneta.

Escaldes-Engordany : Escaldes-Engordany, située à une courte distance d'Andorre-la-Vieille, est une charmante ville qui mêle harmonieusement histoire et modernité. Explorez les jolies rues de la ville, qui regorgent de boutiques, de cafés et de trésors architecturaux. Caldea, le plus grand complexe thermal d'Europe, offre un havre de détente avec ses eaux thermales revitalisantes et ses équipements de bien-être de luxe.

La Seu d'Urgell : Voyagez vers le sud jusqu'à La Seu d'Urgell, une ville médiévale riche en culture catalane. La cathédrale, qui date du 12ème siècle et possède une façade romane exceptionnelle, est le trésor de la ville. Promenez-vous dans les ruelles sinueuses et découvrez de charmantes places où les habitants se rassemblent, créant un environnement authentique qui incarne la Catalogne.

FAITS SAILLANTS ET ATTRACTIONS DANS LES RÉGIONS ENVIRONNANTES

En plus des villes et villages mentionnés ci-dessus, il existe un certain nombre d'autres sites merveilleux à explorer dans les environs d'Andorre. Voici quelques faits saillants :

Les Pyrénées : Les Pyrénées sont une belle chaîne de montagnes qui borde l'Andorre au nord et à l'ouest. Les sentiers de randonnée, les stations de ski et d'autres activités de plein air abondent dans les montagnes.

La vallée de Valira : La vallée de Valira est une belle vallée au cœur de l'Andorre. Une multitude de villages, de villes et de sites touristiques se trouvent dans la vallée.

Le parc naturel du Madriu-Perafita-Claror : Situé au nord de l'Andorre, le parc naturel du Madriu-Perafita-Claror est classé au patrimoine mondial de l'UNESCO. Le parc contient une gamme de montagnes, de vallées et de bois à couper le souffle.

La station de ski de Grau Roig : La station de ski de **Grau** Roig est l'une des principales stations de ski d'Andorre. La station est située dans le nord de l'Andorre et offre un choix de pistes pour les skieurs de tous niveaux.

Vallée de Nuria : La vallée de Nuria, située dans les Pyrénées orientales, est un paradis pour les amoureux de la nature. Cette vallée isolée, accessible par un chemin de fer de montagne pittoresque, offre une vue imprenable sur les bois luxuriants, les cascades jaillissantes et les sommets enneigés. Promenez-vous le long de sentiers bien balisés et laissez-vous enchanter par la beauté calme et brute de cette merveille naturelle.

À LA DÉCOUVERTE DES PAYS VOISINS D'ANDORRE

Options d'excursions et de visites transfrontalières

L'emplacement stratégique de l'Andorre dans les Pyrénées permet aux visiteurs de faire des excursions transfrontalières et des voyages touristiques dans les pays voisins. Les possibilités d'exploration vont des villes pittoresques aux lieux renommés, présentant un mélange homogène de cultures et d'environnements.

Entrer en France

Un court trajet en voiture depuis Andorre vous mènera aux charmantes villes et villages français des environs. Ax-les-Thermes, réputée pour ses sources d'eau chaude et ses environs attrayants, est l'un de ces joyaux. Détendez-vous dans les sources chaudes naturelles tout en admirant les magnifiques paysages montagneux.

Continuez vers le nord jusqu'à Foix, une ville historiquement importante de la région de l'Ariège. Son château médiéval, construit sur une colline rocheuse, offre des vues panoramiques ainsi qu'un aperçu de la riche histoire de la France.

Visiter l'Espagne

En entrant en Espagne, vous serez entouré par la splendeur des Pyrénées catalanes. Visitez La Seu d'Urgell, une ville célèbre pour sa belle église et ses rues attrayantes. Explorez le parc naturel adjacent de Cad-

Moixeró, qui possède des sentiers de randonnée sur un terrain difficile et de nombreux animaux.

Continuez votre excursion espagnole à Alquézar, un hameau historique niché au-dessus du canyon du Rio Vero. Explorez les petites ruelles, visitez la collégiale et émerveillez-vous devant les falaises spectaculaires de la gorge.

Il existe plusieurs méthodes pour traverser la frontière entre l'Andorre et ses voisins. Voici quelques suggestions de transport en commun :

Conduite : Vous devez avoir votre passeport et votre permis de conduire avec vous si vous conduisez. L'Andorre et les pays environnants partagent un certain nombre de points de passage frontaliers. Le tunnel d'Envalira, situé sur l'autoroute N-260 entre Andorre-la-Vieille et la France, est le passage frontalier le plus fréquenté.

Transports en commun : Plusieurs bus et trains traversent la frontière entre l'Andorre et les pays voisins.

Renseignez-vous auprès de la société de transport locale pour connaître les horaires et les tarifs. La principale gare routière d'Andorre-la-Vieille se trouve dans le centre-ville. La vallée d'Encamp abrite la principale gare d'Andorre-la-Vieille.

Traverser la frontière à pied ou à vélo : Si vous vous sentez courageux, vous pouvez traverser la frontière à pied ou à vélo entre l'Andorre et les pays environnants. C'est une excellente occasion de profiter de l'environnement tout en faisant de l'exercice. Le GR-11, qui traverse les Pyrénées, est l'itinéraire de randonnée le plus populaire entre l'Andorre et l'Espagne.

Voici quelques conseils supplémentaires pour traverser la frontière

- Munissez-vous de votre passeport et de votre permis de conduire.
- Tenez compte des heures d'ouverture du poste frontalier.

- Avant de traverser la frontière, vérifiez les conditions de circulation actuelles.

- Soyez attentif aux normes et réglementations locales.

CONCLUSION

Alors que ce voyage à travers les magnifiques paysages et la diversité culturelle d'Andorre touche à sa fin, il devient clair que ce petit pays a la capacité de conquérir le cœur de tous ceux qui le visitent. L'Andorre, avec ses chaînes de montagnes à couper le souffle et ses vallées pittoresques, offre un terrain de jeu diversifié pour les amoureux de la nature, les amateurs d'aventure et les amateurs de culture.

L'exploration des charmes de l'Andorre comprend la plongée dans la riche tapisserie de son histoire, l'émerveillement devant les merveilles architecturales et la savouration des joies de sa gastronomie tout au long de ce guide de voyage. La randonnée à travers des forêts tranquilles, le ski sur des pentes immaculées et la détente dans des piscines thermales revitalisantes faisaient partie de l'expérience. Tout au long de tout cela, la gentillesse et l'hospitalité de ses habitants ont laissé une marque indélébile.

Alors que les visiteurs commencent leur propre voyage en Andorre, ils doivent embrasser les attractions magiques qui les attendent. L'immersion dans les coutumes et les traditions locales, ainsi que l'ouverture de son cœur aux histoires que chaque point de repère et chaque ville portent, sont des éléments importants du voyage. Que vous exploriez les rues animées d'Andorre-la-Vieille, que vous fassiez des excursions transfrontalières ou que vous savouriez des dîners tranquilles dans des restaurants traditionnels, chaque minute en Andorre est l'occasion de créer des souvenirs inoubliables.

En faisant leurs adieux à l'Andorre, les visiteurs savent que cet endroit merveilleux sera toujours là, attendant de les accueillir à nouveau avec de nouvelles aventures et des souvenirs à partager. En conséquence, l'invitation est de se lancer dans une aventure andorrane personnelle, de découvrir les merveilles de ce trésor caché et d'embrasser les charmes envoûtants qui se trouvent au cœur des Pyrénées.

Bon voyage, compagnons de voyage, et que vos souvenirs d'Andorre durent toute une vie. Andorre Benvinguts ! (Salutations d'Andorre !).

Printed in France by Amazon
Brétigny-sur-Orge, FR